파쿠르는
처음이라

일러두기

18~19, 50, 135, 156쪽 사진은 포토그래퍼 이의렬(@uiryeol),
77, 90, 98, 111쪽 사진은 포토그래퍼 이가명(@23h18ms)이 찍었다.

파르는 처음이라

김지호 지음

빨간소금

나만의 언어와 질문으로
움직이고 있습니까

힘겹게 썼습니다. 밖에서 움직이는 시간으로 일상을 가득 채워 살아왔습니다. 의자에 앉아 글 쓰는 습관을 만드는 과정은 그 자체만으로 새로운 파쿠르였습니다.

고민도 많았습니다. 파쿠르는 일상에서 직접 실천하는 움직임이라 글자에 가둬 놓아도 될지 걱정이 앞섰습니다. 그래도 글자와 글자를 조합하고 연결하는 작업은 움직임의 흐름을 얻는 과정과 비슷해서 제법 재미를 붙였습니다.

여는 글은 가장 마지막에 썼습니다. 처음부터 썼다면 너무 인위적이랄까요? 장애물을 인위적으로 조작하기보단 장애물이 손짓하는 대로 움직여 왔듯이 여는 글도 책을 쓰는 시간 끝에 완성하고 싶었습니다. 돌이켜 보니 참 잘한 결정이었습니다.

'파쿠르'라는 이름 아래서 열심히 움직이고 살아온 시간을 졸업하고 싶다는 것을 깨달았습니다. 더 이상 파쿠르가 제 존재 방식을 충분히 설명해 주지 못하고 있다는 걸 알았습니다.

이 책은 파쿠르를 졸업하는 마음으로 썼습니다. 파쿠르를 그만둔다는 뜻으로 졸업을 해석하면 곤란합니다. 오히려 파쿠르의 본질을 보존하고 구현하려는 마음에서 졸업해야겠다는 결심입니다. 왜냐하면 이제 파쿠르는 세상에 수많은 여러 스포츠 종목 중 하나가 되었기 때문입니다. 세상에는 뛰어난 파쿠르 선수와 코치가, 멋진 비즈니스 모델과 체육관이 생겼습니다. 제가 아니어도 파쿠르는 꾸준히 성장해 나갈 것입니다.

다만 파쿠르가 어엿한 하나의 스포츠 종목이 되기 이전, 무언가 정해지지 않았을 때만 누릴 수 있는 아방가르드한 몸의 경험, 커뮤니티, 실험적인 길이 그립습니다. 《도덕경》 1장의 "무명천지지시(無名天地之始), 유명만물지모(有名萬物之母)"처럼 저는 무에서 유를 잉태시키는 과정에서 삶의 의미를 느낍니다.

요즘 일상은 안 하던 저글링을 연습하고, 물구나무를 서고, 색다른 방식으로 바닥을 구르고 기어다닙니다. 프리다이빙도 하고 카포에라, 장거리 트레킹, 하이다이빙도 도전합니다. 이제 파쿠르라는 이름에서 벗어나 '무브먼트(movement)' 그 자체로 건너가고 있습니다. 왜냐하면 파쿠르의 정체성이 모호할 때 경험했던 본질을 무브먼트에서 느끼고 있기 때문입니다. 무엇보다 기존의 형식적인 파쿠르 기술들로는 더 이상 성장할 수 없습니다. 익숙하고 똑같은 움직임 패턴, 운동 편식에서 벗어나 일부러 낯선 움직임을 연습하고 있습니다. 잘하는 것을 계속 잘하는 것도 중요하겠지만, 약점을 찾아내고 개선하는 즐거움이 있습니다. 색다른 환경에 지속해서 노출되다 보니 세상의 수많은 이름으로 구분되던 종목이나 분야가 하나로 향하는 느낌이 듭니다. 그래서 매 순간 초심자의 마음으로 배움을 청하고 있습니다. 몸의 경험과 움직임이 곧 생각의 크기와 존재 방식을 결정하기 때문입니다. 언젠가 움직임에 대한 관점과 체계를 정리해 저만의 이름을 붙여 보고 싶습니다.

이 책을 읽고 뛰어난 파쿠르 기술을 구사하거나 파쿠르라는 특정한 분야에 매진하는 것을 원치 않습니다. 파쿠르를 잘한다고 해서 파쿠르의 관점과 해석을 잘 구현하는 것은 아닙니다. 멋지고 화려한 기술을 구사하는 선수보다, 별 볼 일 없지만 자기만의 언어와 질문을 끝까지 붙잡고 움직이는 사람이 더 파쿠르답습니다. 익숙한 도시, 사물, 주변 환경을 아이와 같은 시선으로 자유롭게 상상하고 움직일 수 있으면 좋겠습니다. 세상을 놀이터로 볼 수 있는 자세, 그게 전부입니다. 제가 세상에 줄 수 있는 가장 소중한 선물입니다.

2024년 5월

김지호

차례

2 파쿠르라는 세계

3 파쿠르를 배우자

¹ 나는 트레이서다

강남
옥상 점프를
결심하다

2020년 1월, 일본에서 봄에 열릴 예정인 '국제체조연맹 파쿠르 세계선수권대회' 스피드 코스 종목 출전을 앞두고 훈련에 매진하고 있었다. 그러나 코로나19로 대회가 갑작스레 무기한 연기됐다. 그 순간 다큐멘터리 〈루프컬쳐 아시아(RoofCulture Asia)〉가 생각났다. 이 다큐멘터리는 영국 파쿠르 팀 스토러(Storror)가 아시아를 대표하는 4대 도시—싱가포르, 홍콩, 서울, 도쿄—의 빌딩 옥상을 도구나 장비 없이 맨몸 하나로 극복해 나가는 과정을 담았다.

스토러 팀의 행보는 국내 파쿠르 커뮤니티와 트레이서(파쿠르 훈련자)들에게 큰 자극을 줬다. 스토러 팀이 방문한 서울 빌딩 옥상을 직접 답사하는 것이 한동안 유행일 정도였다. 일종의 팬심으로 스토러 팀의 발자취를 좇는 친구들이 있었고, 거리와 높이 등 물리적인 실재를 경험해 스토러 팀의 실력을 가늠하고자 하는 친구들도 있었다. 나는 후자에 속했다.

파쿠르 커뮤니티 내부에 스토러 팀의 행동에 대해 곱지 않은 시선도 있었다. 위험천만한 옥상 점프는 건물주와 시민, 아시아 문화를 존중하지 않는 비도덕적인 행동이라고 비난받았다. 나 또한 막연한 거부감이 있었다. 하지만 답사하면서 생각이 달라졌다. 스토러 팀의 탁월한 신체 능력과 정신력, 새로운 것을 시도하는 태도에 경외감이 들었다.

스스로 질문을 던졌다. 파쿠르에 관한 생각과 철학, 제도와 시스템, 물건 등에서 과연 내가 최초로 시도한 것이 있을까? 내가 지금 누리고 생산하는 것은 이미 누군가 해 놓은 것을 똑같이 따라 하고 주석을 단 수준은 아닐까? 나의 고유한 길, 나만의 독립적인 사유를 생산하고 싶은 욕망이 자라기 시작했다. 강남 빌딩 옥상을 건너뛰기로 결심했다.

도시의 제약에 묶여 있지만 용기 내어 옥상을 점프하자.

내 안의 가능성을 믿고 한계를 돌파하자.

내가 되고 싶은 자신을 향해 건너가자.

그 기회는 바로 지금. 여기 이 순간이다.

이 도전은
생각이 있으면
죽는다

강남 빌딩 옥상에 올라섰을 때 내게 주어진 시간이 많지 않다는 것을 직감했다. 탁 트인 시야는 강남 테헤란로를 바삐 오가는 행인들에게 발각되기 좋은 위치였고, 빌딩 경비원이 언제 옥상으로 올라올지 모르는 상황이었다. 주변을 빠르게 돌아보고 해야 할 일을 시작했다.

안전을 위해 위험 평가부터 시작했다. 전력으로 질주해야 하는 구간은 꽤 좁다. 또한 먼지 가득한 철판이다. 준비한 수건으로 깨끗이 닦고 도약 지점에 미끄럼 방지 테이프를 붙였다. 달리는 구간이 견고한지 꼼꼼히 확인했다. 건너편 빌딩에서 카메라를 설치하는 친구 의령이 부러웠다. 오늘 저곳이 내가 건너가야 할 곳이기 때문이다. 곧이어 파쿠르 친구들도 건너편 빌딩 옥상에 올라와서 응원했다.

가방과 스마트폰, 카메라를 건너편 옥상으로 던졌다. 내가 있는 빌딩은 1층에 있는 경비원의 통제로 옥상과 통하는 계단 출입이 막혔기 때문이다. 이제 가방과 짐을 찾으려면 건너편으로 점프해야 한다. 점프를 하지 못하면 옥상에 그대로 갇히거나 경비원에게 잡힌다.

이제 남은 것은 점프 능력을 최대치로 끌어올리는 적절한 준비운동과 점프 거리 및 높낮이에 익숙해지는 작업, 그리고 충격에 대비한 착지 연습이다. 네발 움직임(Locomotion)을 바탕으로 신체 협응 및 관절 가동성을 확보하고 프리시전 점프(Precision Jump),[*] 러닝 점프[**]로 심박수와 체온을 끌어올렸다. 마지막으로 바닥에 내 신발 사이즈(265mm) 기준으로 열네 발 거리[***]를 표시하고 그 선을 뛰어넘는 러닝 점프 기술을 반복 연습했다.

내가 있는 옥상과 건너편 옥상 사이는 약 열아홉 발 거리다. 도약 지점과 착지 지점에 약 2m의 높낮이 차가 있다. 따라서 맨땅에서 열네 발 정도의 거리를 러닝 점프로 성공률 100%로 건너뛸 실력을 갖췄다면, 건너편 옥상으로 점프해볼 만하다. 그래야 안전하다. 이 도전은 실수가 없다. 죽음 아니면 생존, 둘 중 하나다.

[*] 앞꿈치로 정확히 착지하는 점프 기술.
[**] 달려서 얻은 도약과 탄성으로 멀리 뛰는 기술.
[***] 265mm 신발이 한 발이라고 했을 때 열네 발은 3.71m다. 일반적으로 신발 앞꿈치 끝에 반대 발 뒷꿈치 끝을 붙여 걸어간 거리를 측정한다.

워밍업을 끝내고 옥상 끝에 올라섰다. 이제 실수 없이 최장 거리의 점프력을 끌어올리고 정확하게 도약 지점에 착지하기 위해서 디딤 발 횟수 계산에 돌입했다. 지난 일 년 동안 이 구간을 달려서 도약하는 모습을 끊임없이 상상했다. 상상만 해도 실제로 뛰는 것처럼 심박수가 올라갔고, 잠을 자다가도 실제로 팔다리가 움직여 깰 정도였다.

준비가 끝났다. 사전에 약속한 대로 의렬에게 양팔을 들어 올려 동그라미 신호를 보냈다. 그러나 달리는 중간에 멈추고 말았다. 두려움 때문이다. 높디높은 빌딩 옥상에서 도약지점으로 뛰어가면 갈수록 점점 더 낭떠러지의 깊이가 시야로 들어오면서 건너편 착지 지점이 멀어지는 느낌이 들었다. 착시 현상이다.

이런 상황에서 가장 위험한 시나리오는 전력으로 달리다가 두려움이 엄습해 중간에 다리를 풀거나, 공중에 떴을 때 멈칫거리는 행동이다. 한 지점에 우두커니 서 있다가 건너편으로 한 번에 도약하는 제자리 점프와는 다르다. 달리는 구간이 긴 러닝 점프에서는 이런 사고가 흔히 벌어진다. 흔들림 없는 믿음으로 첫 발을 내딛더라도 두 번째, 세 번째 발을 내딛으며 두려움이 마음 속에 침투한다. 에고(Ego)와 타협하게 된다.

바닥에서 러닝 점프를 연습하고 다시 옥상 끝에 올라서서 스텝을 밟는 행동을 몇 번이나 반복했다. 곧 이런 행동들은 두려움을 회피하려는 임시방편에 불과하다는 것을 알아차렸다. 극한의 긴장감 속에서 잠깐 찾아오는 무심한 몰입의 상태만이 두려움의 제약을 벗어난다.

출발 지점에 올라서서 무릎을 꿇고 잠시 푸른 하늘을 바라봤다. 어디에도 의존하지 않기로 다짐했다. 신, 아내, 가족, 친구, '나'라고 생각해 온 자신에게도 의존하지 않기로 결심했다. 이 도전은 생각이 있으면 죽는다. 옥상을 점프하려는 상황이라면 생각의 기저에는 두려움이 뿌리내리고 있다. 긍정적이든 부정적이든 같다. 생각하지 않으려 하는 생각도 도돌이표처럼 두려움으로 귀결된다. 아찔한 옥상 높이에서 오는 압박감은 인간을 겸손하게 만든다. 옥상의 위엄 앞에서 자신을 수식하는 모든 것들이 사라졌다. 옥상은 당신이 얼마나 대단한지, 얼마나 높은 지위를 가졌는지, 얼마나 많은 돈이 있는지 궁금해 하지 않는다. 오히려 건너편으로 건너가려면 그 모든 것을 포기하라고 부추긴다.

잠깐이지만 생각이 사라졌다. 이때를 놓치지 않고 내가 기억하는 한, 가장 무겁게 느껴지는 두 팔을 들어올려 의렬에게 다시 동그라미 신호를 보냈다.

도약 지점까지 망설임 없이 뛰었다. 달리면서 탄력이 부드

럽게 이어지는 느낌이 발바닥 전체에서부터 어깨까지 느껴
졌다. 도약 지점이 가까워졌을 때, 잠깐이지만 앞으로 뻗어가
는 추진력이 강해서 더 이상 멈추거나 돌이킬 수 없다는 사
실을 깨달았다. 본능적으로 힘차게 도약했다. 눈은 이미 건너
편 착지 지점을 보고 있었다. 순식간에 도착했다.

어떤 말로도 다 표현할 수 없는 감정의 폭풍이 일었다. 파
쿠르 친구들의 거친 환호성에 정신을 차렸다. 눈물이 났다.
강남 빌딩 옥상 점프를 수없이 머릿속으로 반복해야만 했던
일 년간의 고통에서 드디어 해방됐다.

내 인생을 바꾼
영화 〈야마카시〉

고등학교 1학년 겨울, 친구가 영화 〈야마 카시(Yamakasi)〉를 소개했다. 프랑스에서 2001년에 개봉했고, 한국에서는 2003년에 개봉했다. 영화 개봉 이후 몇 년간 청소년들 사이에서 "야마카시!"라 외치며 책상을 뛰어넘는 것이 일상일 정도로 상당한 인기를 끌었다.

〈야마카시〉는 가난하고 병든 한 아이를 치료하려고 파쿠르 능력을 활용해 부잣집을 털어 병원비를 마련하는 유럽판 활빈당 이야기다. 와이어가 필요한 액션을 특별한 장비 없이 맨몸으로 소화해 전 세계 영화계에 큰 파장을 일으켰다. 더구나 영화의 주요 출연자들은 배우가 아니라 실제 파쿠르 창시자라 더 특별했다.

캐스팅 배경도 흥미롭다. 뤽 베송 감독이 파리 시내를 종횡무진하던 야마카시 멤버들을 우연히 보고 영화 출연을 제안했다. 영화 시작부터 30층이 넘는 아파트 외벽을 맨손으로 올라가는 장면이 나온다. 과연 이게 인간의 힘으로 가능한 일인지 놀라운 동시에 너무나 사실적이어서 충격으로 다가왔다.

〈야마카시〉라는 제목 때문에 일본 영화로 오해하는 사람들이 많았다. 뒤에 알았지만, 야마카시는 콩고 링갈라어(Lingála)다. 강인한 영혼, 강인한 육체, 초인을 뜻하며 링갈라 부족이 전쟁터에서 전투 시작 전에 외치던 구호였다. 파쿠르의 탄생과 성장의 역사에서 중요한 의미를 지니는 단어다.

〈야마카시〉는 초등학생 시절 모험 놀이를 떠오르게 했다. 영화 속 주인공들이 경찰에게 쫓기면서도 건물과 건물 사이를 점프하고 어려운 이웃을 돕는 장면은 '나도 저렇게 되고 싶다'라는 열망에 불을 지폈다. 남들이 시키는 대로, 정해진 대로만 살아온 나와 달리 그들은 진심으로 자유로워 보였다. 영화 속 주인공들은 내 마음속에 영웅으로 자리 잡았다. 파쿠르 창시자들과 야마카시 멤버들을 덕질하기 시작했다.

처음으로
온몸에
땀이 흘렀다

중·고등학생 때 내 몸은 올챙이배에 빼빼 마른 멸치였다. 매일 컴퓨터 게임만 하며 앉아 있었고, 운동은 상상하지도 못했다. 그런 내 몸에 불만은 전혀 없었다. 당연하다고 여겼다. 땀의 기쁨을 몰랐다.

고등학교 1학년, 어느 여름날 저녁이었다. 야간자율학습 전에 저녁밥을 먹고 학교 운동장을 걷고 있었다. 하필이면 영화 〈야마카시〉를 소개한 그 친구와 함께였다. 친구가 갑자기 조회대 난간을 양손으로 잡더니 훌쩍 뛰어넘어 건너편에 착지했다.

"지호! 이게 턴 볼트(Turn Vault)라는 기술이야. 너도 해봐."

그러더니 운동장으로 뛰어내렸다. 어린 시절 놀이터에서 또래 친구들과 구름사다리 위에서 누가 더 높은 곳에서 뛰어내리는지 시합하고, 탄천 다리 난간을 균형 잡아 걸어가고, 높은 곳에 매달리던 추억들이 되살아났다.

나도 모르게 친구를 따라 난간을 붙잡았다. 쉽지 않았다. 양손으로 난간을 잡고 매달려서 두려움에 떨었다. 계속 넘어가길 망설였다. 그러다가 조회대 난간 반대편으로 내가 원하는 자세와 타이밍에 착지하는 순간, 그 순간의 강렬함을 아직 잊지 못한다. 지금 이 순간에 살아 숨쉬고 있다는 느낌이었다. 게임에 몰두할 때와는 달랐다. 고작 조회대 난간 반대편으로 넘어가는 행위였지만, 익숙한 세계에 균열을 느꼈다. 숭고하다는 표현이 가장 어울렸다. 처음으로 온몸에 땀이 흘렀다. 남들이 좋다고 하는 것, 옳다고 하는 길에서 벗어나 버렸다. 그날 우리는 야간자율학습 시작종이 울릴 때까지 끊임없이 조회대를 오르내렸다.

열일곱 살의 나는 서서히 죽어 가는 느낌이었다. 태어나 보니 해야 할 일들이 모두 정해져 있는 것 같았다. 좋은 성적을 내서 좋은 대학에 간 뒤 취업 준비를 열심히 해서 좋은 직장에 들어가 좋은 사람과 결혼하고, 좋은 집과 좋은 차를 소유하고, 자식을 명문대에 보내야 하는 세상. 심지어 좋은 장례식장까지 기준이 정해진 세상. 탄생부터 죽음까지 마치 공장의 컨베이어 벨트처럼 모든 것이 정해진 삶에는 인간 김지호의 삶이 들어설 틈이 없었다.

그런 현실을 받아들이고 그 안에서 목표를 성취하거나 행복을 추구하는 것도 삶의 소중한 순간일지 모른다. 하지만 그때까지 정말 하고 싶은 게 뭔지 몰랐다. 하고 싶은 것을 모르니 주어진 시간을 탕진했다. 도피할 공간은 게임밖에 없었다. 누군가 장래 희망을 물으면 고고학자라고 답했지만, 진심인지 확신이 없었다. 내게 닥쳐오는 모든 상황을 부정하고 몸과 마음, 내 존재 자체를 함부로 했다.

　게임 중독과 우울증. 이 두 단어에서 나를 구원한 것은 파쿠르였다. 모든 것이 정해진 세상의 틈바구니에서 인간 김지호를 느낄 수 있는 유일한 순간이었다. 학교 운동장 조회대라는 장애물을 뛰어넘은 그날 저녁부터 삶의 궤적이 바뀌기 시작했다. 그날부터 지금까지 파쿠르와 함께다.

야탑역
4번 출구 앞

파쿠르는 세상과 나, 가족과 나 사이에 비밀을 만들었다. 시작은 가족이었다. 방문을 닫고 게임에만 몰두하던 아들이 갑자기 집 밖으로 나가 매일 모래 먼지를 뒤집어쓰고 들어오니 당황할 수밖에 없었을 것이다. 하지만 부모님의 걱정조차 귀에 들어오지 않았다. 마음은 이미 오늘 해낸 움직임에 들떠 있었고, 내일 해내고 싶은 움직임에 가슴이 뛰었다. 어디에서, 어떻게 파쿠르를 연습할 수 있을까? 파쿠르하는 사람을 만날 수 있을까? 그렇게 파쿠르라는 키워드로 세상을 봤고, 세상을 알고 싶어졌다.

인터넷에서 자료를 찾기 시작했다. 영화 〈야마카시〉 개봉 이후, 다음 카페 '야마카시 코리아'는 회원 수 5만여 명에 이를 정도로 가장 큰 동호회가 됐다. 전국 각지에서 활동하는 회원들이 주말마다 지역에서 파쿠르 모임을 열고, 모임에서 성취한 동작을 카페에 올려 자랑을 하고, 피드백을 주고받았다. 새로운 장소를 찾아 탐방을 나서는 이들도 있었는데, 종종 파쿠르 장소 게시판에 위치와 사진을 공유했다. 똑같은 장소에서만 연습하던 회원들에게 새로운 장소의 발견은 흥분을 감출 수 없는 단비 같은 소식이었다.

내가 모임을 주도한 적이 있었다. 토요일 오후 한 시, 분당 야탑역 4번 출구 앞. 게시판에 글을 올린 뒤, 오겠다는 댓글을 수없이 반복해서 읽었다. 정말 사람들이 모일까? 걱정이 많았다. 비가 올까 봐 일기예보를 보고 또 봤다. 혹시 아무도 오지 않더라도 나 혼자 파쿠르를 하면 된다고 생각하며 약속 장소에 나갔다.

이게 무슨 일인가! 서울, 경기도뿐 아니라 부산, 대전, 대구 등 전국에서 청소년 100여 명이 모였다. 그때는 점프할 때 무릎과 골반을 쓰는 동작에 제한이 없는 통이 큰 바지가 유행했다. 야탑역 4번 출구 앞에서 운동화에 백팩, 통 큰 바지를 입고 어슬렁거리는 사람이 있으면 모두 파쿠르하는 사람이었다. 초면인데도 카페에서 동영상을 공유하고 댓글을 주고받은 사이라 본명은 몰라도 서로 닉네임으로 알아보았다. 우리는 통했다. 오랜 친구 대하듯, 오늘 도전할 장소와 기술을 늘어놓았다.

백여 명이 규칙 없이 줄줄이 횡단보도를 건너고 인도를 누비니 마치 수학여행 나온 청소년들 같았다. 파쿠르하는 사람들이 모이니 대담해졌다. 평소에는 행인들 눈치 보느라 넘지 못했을 장애물을 넘나들었다.

계속 웃었다. 신나게 움직이고, 새로운 움직임을 배우고, 도전했다. 잡초만 가득했던 공간 여기저기가 뛰노는 사람들로 꽉 찼다. 지나가는 어른들은 나보다 더 놀랐다. 누가 신고라도 한 걸까? 경찰이 찾아와 내 이름과 연락처를 적어 갔다. 우린 막차가 올 때까지 뛰고 또 뛰었다.

파쿠르하러
대학에 가다

수능이 끝나고 인생의 큰 사건이 생겼다. 아버지가 내가 갈 대학교를 마음대로 지원해 버렸다. 결국 한 군데에 붙었는데, 입학은 학교에 가 보고 결정하자는 생각으로 답사를 갔다.

학교 정문을 들어선 순간, 입이 다물어지지 않았다. 여태껏 본 파쿠르 장소 중 이보다 더 좋은 곳은 없었다. 정문에 들어서니 휠체어, 유모차, 자전거 등을 이동시킬 수 있는 'ㄹ' 자형 경사로가 기하학적 도형처럼 계단 옆에 있었다. 어떤 도색도 없이 거친 콘크리트를 그대로 노출하는 브루탈리즘 양식을 반영했다. 20세기 후반에 유행한 브루탈리즘 건축은 신발과 접지력이 좋아 파쿠르 기술을 연마하기에 안성맞춤이다. 한국은 코팅된 콘크리트 건축이 많아, 벽을 올라가는 월 런

(Wall Run),[*] 클라임업(Climb-Up)[**] 등을 연습하기 좋고 미끄럽지 않은 벽을 찾기가 쉽지 않다.

건물 난간은 철제 울타리가 아니라 허리 높이 콘크리트 벽으로 했고, 손잡이만 쇠 난간이었다. 클라임업, 암 점프(Arm Jump),[***] 턴 볼트[****] 같은 기술을 연습하기에 적합한 환경이다. 벽 모서리를 손으로 잡으면 악력을 발휘하기 쉽지 않은데, 철봉처럼 손 전체를 말아 쥐어 잡을 수 있어 상체를 끌어올리기 더 수월해지기 때문이다. 올라가는 움직임뿐만 아니라 낮은 높이의 쇠 난간은 균형 기술 연습에도 좋은 환경이다. 일자로 쭉 나열된 난간을 줄타기하듯 균형 잡아 걸어가는 레일 워(Rail Walk)을 연습할 수 있고, 난간과 난간 사이에 앞꿈치로 정확히 착지하는 프리시전 점프를 연습하기도 좋다. 서울에서 파쿠르의 정확성과 균형 감각, 기본기를 갈고닦는 데 이만한 환경이 없다.

조금의 고민도 없이 입학을 결정했다. 이 결정은 인생에서

---

[*] 달려서 얻은 탄성으로 벽을 앞꿈치로 밟아 몸을 수직 상승해 높은 벽을 잡는 기술이다.

[**] 벽에 매달린 상태에서 발로 벽을 밀어내고, 양팔로 상체를 당겨 올려 벽을 올라가는 기술이다. 클라임업을 할 줄 알면 손으로 잡는 어떤 벽이든 올라갈 수 있다.

[***] 제자리 점프 혹은 달려서 멀리뛰기로 도약해 먼 거리의 벽에 매달리는 기술.

[****] 난간이나 벽을 손으로 잡은 상태에서 도약하고, 180° 회전해 반대편으로 매달리는 기술.

신의 한 수였다. 내가 입학한 곳, 정확히는 아버지가 마음대로 지원하는 바람에 어떤 분야를 공부하는 곳인지도 모르고 입학한 곳은 숭실대학교 벤처중소기업학과였다. 그 뒤 파쿠르 회사를 창업하는 과정에 도움이 되는 좋은 배움을 얻었다.

여기까지 이야기를 들으면 모든 주변 환경과 상황이 나를 중심으로 돌아가는 것처럼 들릴 수 있겠다. 사실 파쿠르가 준 가장 큰 선물은 마음에 뜻이 있으면, 좋든 싫든 내가 처한 상황과 환경을 적극적으로 극복하고 원하는 그림을 향해 채색해 나갈 수 있다는 것이다. 좋지 않다고 여긴 상황도 나의 태도와 의사결정에 따라 좋은 기회로 전환할 수 있다. 나를 가로막은 벽이 올라갈 수 있는 벽으로 전환되는 것처럼 말이다.

파쿠르 때문에
휴학하다

대학교 새내기 생활은 간단했다. 수업이 없는 공강 시간에도, 수업이 끝나도, 주말에도 파쿠르를 했다. 고삐 풀린 망아지처럼 신이 나서 파쿠르에 온 힘을 쏟아부었다. 그 흔한 소개팅이나 클럽마저 파쿠르에 비하면 내 눈에는 부질없어 보였다.

파쿠르는 어느새 학과를 넘어 학교에도 소문이 났다. 파쿠르를 잘 모르는 대학교 경비원들도 내가 매일 와서 연습하니 별다른 간섭 없이 묵인했다. 나중에는 주말에 파쿠르 모임까지 대학교 교정에서 대놓고 열었는데, 학생증만 보여 주면 별다른 제재를 하지 않았다. 난생처음 공식적으로(?) 파쿠르를 할 수 있는 공간이 생긴 셈이다.

학교 안에서 동아리를 만들려고 노력했지만 쉽지 않았다. 취업난으로 자기 계발, 스펙 쌓기, 자격증 동아리가 우후죽순 생기고 취미 동아리는 사라지는 추세였다. 파쿠르가 위험하다는 편견도 크게 작용한 것 같다. 결국 동아리를 만들어 모르는 사람들에게 파쿠르를 알리기보다, 파쿠르에 관심 있는 사람들을 만나는 것이 훨씬 효과적이라 판단했다.

뜻이 있는 동료들과 파쿠르 팀을 만들었다. 상상을 현실로, 말보다는 실력으로 활동하자는 취지에서 팀 이름을 '리얼(Real)'로 정했다. 멤버는 동갑내기이자 나중에 동반 입대한 황유현, 야마카시 코리아의 초창기부터 운영진으로 활동했던 최재옥, 본래 우슈(중국 전통 무술)를 오랫동안 전공한 큰형 심상민, 그리고 나, 이렇게 넷이었다.

리얼의 활동 목표는 좋아하는 파쿠르를 하면서 먹고살 수 있는 구조를 만드는 것이었다. 새내기 일 년 동안 파쿠르에 푹 빠져 살았지만, 생각은 항상 취업과 파쿠르 사이에서 갈등했다. 좌충우돌이 지속됐다.

결국 일 년 만에 휴학했다. 파쿠르를 진로의 한 방향으로 살아 본 적은 없으니 도전하고 싶었다. 낮에는 블로그에 해외 파쿠르 소식과 자료를 번역해서 올리고, 저녁에는 체육관에 가서 멤버들과 아크로바틱 기술을 연마했다. 포털 사이트에 파쿠르를 검색하면 노출되기 쉽게 홈페이지를 만들고 키워드도 노출했다. 파쿠르를 하는 사람조차 '파쿠르'라는 단어는 잘 안 쓰고 '야마카시'라 부르던 시절이었다. 포털 사이트에 파쿠르 혹은 야마카시를 검색하면 다음 카페 야마카시 코리아 하나만 뜨는 시절이었다.

집에서 지원은 일절 없었으므로 금방 용돈이 바닥났다. 성남중앙도서관에 파쿠르 모임이 있어서 버스를 타려고 교통카드를 찍자 '잔액이 부족합니다'라는 메시지가 떴다. 결국 집에서 중앙도서관까지 뛰어갔다.

낮에는 인터넷을 떠돌아다니며 파쿠르 정보 탐색을, 저녁에는 마샬 아츠 체육관에서 운동을 했다. 평일 야간과 주말에는 아르바이트를 했다. 그런 생활 4개월 만에 본래의 목표에서 멀어지는 것 같은 느낌을 받았다. 몸과 마음이 지쳤다. 팀을 만들고 인터넷에 영상을 올리면 여기저기서 공연 요청이 오고, 광고 촬영 문의도 올 줄 알았다. 하지만 아무 일도 일어나지 않았다.

무엇보다도 리얼은 파쿠르 팀인데 실제로 연습하고 활동하는 분야는 마샬 아츠 트릭킹(Martial Arts Tricking)* 공연이나 영화, 드라마의 스턴트였다. 리얼이 파쿠르 팀인지 스턴트 팀인지 정체성의 혼란이 왔다. 파쿠르를 하고 싶었다. 내가

---

* 마샬 아츠 트릭킹은 여러 무술의 발차기, 기계체조의 공중돌기와 비틀기, 다양한 무용 동작과 브레이킹 댄스의 표현 자세 등을 결합하고 응용한 동작으로 구성된 운동이다. 기술의 다양한 연결로 미적 표현을 하는 목적이 있다. 마샬 아츠 트릭킹 수련자를 흔히 트릭커즈(Trickers) 또는 트릭스터즈(Trick-sters)라 부른다.

좋아하는 것으로 성공하고 싶었다. 다른 것과 타협하거나 좋아하는 것을 현실이라는 장벽 뒤로 미루고 싶지 않았다.

파쿠르하러
프랑스에 가다

　　입대할 시기가 가까워지자 덜컥 겁이 났다. 아무것도 이룬 것 없이 입대를 했다가는 제대하고 나서 현실의 장벽에 가로막혀 취업 전선에 뛰어들고, 파쿠르를 그만둘 것 같았다. 파쿠르를 향한 열정을 잃어버릴까 봐 두려웠다.

　　그 무렵 파쿠르 창시자 데이비드 벨(David Belle)의 〈On Avance Toujours〉라는 제목의 유튜브 영상을 자주 봤다. 에미넴의 〈Lose yourself〉에 맞춰 펼쳐지는 놀라운 움직임들은 보는 것만으로도 심장이 뛰고 당장 밖으로 나가서 파쿠르를 하고 싶었다.

　　무엇보다도 1분 44초 장면에 등장하는 '맨파워 갭(Manpower Gap) 점프'에 가슴이 뛰었다. 이 점프는 영화 〈13구역(District 13)〉에도 등장할 정도로 유명한 도전으로, 프랑스 리스(Lisses)에 있는 한 건물 사이를 점프하는 도전을 일컫는다.

건물 1층에 맨파워라는 이름의 세탁소가 있어서 맨파워 갭이라 부른다.

일반인에게는 파쿠르의 흔한 장면처럼 느껴지는 것이 어쩌면 당연하지만, 창시자 데이비드 벨만 가능한 도전이었다. 파쿠르 수련이 끝에 도달했음을 증명하는 상징적인 점프였다. 2008년까지만 해도 맨파워 갭 점프에 성공한 사람이 전 세계에 스무 명도 안 될 정도로 손에 꼽았다. 유럽과 미국 등 서양인의 전유물이었고, 아시아인은 도전한 사례가 없었다.

입대를 앞둔 2008년 8월, 프랑스행 비행기에 올랐다. 리스로 향했다. 목표는 하나였다. 맨파워 갭 점프에 도전하기.

리스에 도착하니 여러 생각이 몰려왔다. 리스는 아주 조용하고 사람이 드문 마을이다. 마을은 풀과 나무, 호수 등 훼손되지 않은 자연환경으로 이루어져 있었다. 인프라를 잘 갖춘 대도시가 아닌 작은 마을에서 어떻게 파쿠르가 시작됐을까? 전문가도 아닌 십 대 청소년들이 어떻게 파쿠르를 창시했을까? 사람들은 어른이 되면 밖에서 뛰어노는 것을 그만두는데, 파쿠르 창시자들은 어떻게 나이가 들어도 놀이를 지속할 수 있었을까? 어떻게 위험과 부상을 관리할까? 사람들의 시선과 왜곡된 편견을 어떻게 극복했을까? 파쿠르의 움직임은 어떻게 탄생했을까? 파쿠르는 어떤 정신과 사상, 철학을 가지고 있을까? 파쿠르는 무엇인가?

이른 아침의 리스는 고요했다. 에브리에 있는 대성당에 도착하자 많은 외국인이 파쿠르 훈련을 하고 있었다. 영국, 네덜란드, 오스트리아, 스위스, 프랑스, 독일, 미국 등 국적이 다양했다. 가장 뛰어난 실력을 갖춘 네덜란드인 피터가 내게 이런 말을 했다.

"파쿠르의 훈련 목적은 위험한 상황을 극복하기 위해서다. 만약 적과 마주친다면, 너는 둘 중 하나를 선택해야 한다. 도망치거나 아니면 싸워야 한다. 무술은 적과 싸우는 방법을 훈련하지만, 파쿠르는 적으로부터 빠르게 벗어나는 방법을 훈련한다. 그 때문에 파쿠르는 어떤 환경에서도 장애물을 극복할 수 있는 방법을 훈련한다. 건물이 많은 지역, 나무가 많은 숲, 넓은 공터 등 모든 환경에 적응해야 한다. 그래서 달리기와 체력이 가장 기초가 되고 중요하다. 물에서도 위험한 상황이 발생하기 때문에 수영까지 할 줄 안다면 더할 나위 없다. 이 모든 것을 극복하기 위해서는 스스로 강해져야 한다. 한마디로 초인이 되어야 한다."

내가 맨파워 갭 점프를 시도하겠다고 하자, 주변에 있던 트레이서들이 말리기 시작했다. 맨파워 갭 점프는 최소 5~6년 이상 꾸준한 파쿠르 훈련을 해야 안전하다고 말했다. 나는 지난 3년간 꾸준히 착지와 낙법을 훈련해 왔기 때문에 자신 있었다. 한국에서 비슷한 곳에서 성공한 적이 있었다. 맨파워 세탁소 건물 건너편 착지 지점은 두꺼운 모래, 자갈로 이루어져 푹신푹신했다.

맨파워 세탁소 건물 옥상에 섰을 때, 처음 내 머릿속을 강타한 생각은 내 신체 능력이면 충분히 저 건너편으로 점프할 수 있겠다는 확신이었다. 정말 두려웠던 것은 단 한 번의 실수도 용납되지 않는다는 사실, 실수 한 번은 바로 죽음이라는 사실. 건물 옥상에서 한 시간 넘게 두려움에 휩싸여 건너편 착지 지점을 바라보기만 했다.

가장 위험하고 가장 어려운 순간은 언제나 점프하기 직전이다. 결심이 흔들리는 구간이기 때문이다. 몸이 움직이고 있는데 결심이 흔들리면, 실패는 확정된 것이나 다름없다. 이 점프를 위해 수 년간 수백수천 번 점프와 낙법을 연습했으면서도, 정작 진짜 점프를 앞두고 나 자신을 의심했다.

죽음의 두려움 앞에서 나 자신의 한계를 느꼈다. 자존감은 완벽하게 무너졌고, 기댈 곳이 없어 결국 신을 찾았다. 용기를 달라고 간청했지만, 아무것도 들려오지 않았다. 오랜 불안 끝에 든 마지막 생각은 가족, 친구 그리고 신조차도 이 점프를 '나' 대신 해 주지 못한다는 것이었다. 이 도전은 내가 스스로 해내야 한다. 이 현실을 인지했을 때 무척이나 고독한 동시에 평온해졌다.

트레이서들에게 10초 카운트다운을 부탁했다. 점프를 위한 첫발을 내딛는 그 순간, 모든 시야가 건너편 건물 옥상 착지 지점으로 좁혀졌다. 마치 한 공간으로 빨려 들어가는 것처럼, 모든 집중이 한 곳에 몰렸다. 전에는 경험할 수 없었던 완전한 몰입이었다. 반복된 연습으로 습관이 된 착지와 낙법을 온전하게 해냈다. 마침내 살았다.

서울대
'샤' 정문에
오르다

친구들과 서울대학교 교정으로 파쿠르를 하러 갔다. 대학교 동기이자 마술을 업으로 하는 정현진(나처럼 자신이 좋아하는 일로 먹고산다는 점에서 '덕업일치'를 이루었다), 독일 친구 줄리우스(Julius Habbel)와 한국계 덴마크인 효(Hyo Cortzen), 그리고 하자작업장학교 파쿠르 수업에서 만난 이민규와 함께했다.

유명한 '샤' 정문 앞에 도착했다. 뉴스에서만 본 정문인데 가까이서 보니 누구나 쉽게 올라갈 수 있게 사다리가 있고, 기울기도 완만해 좋은 도전으로 보였다. 줄리우스와 효도 정문 모양이 신기하게 생겼다며 정문을 오르락내리락하면서 안전 점검을 했다. 바로 옆에 경비실이 있어서 들키지 않게 재빨리 정문 정상까지 올라가야겠다는 생각이 들었다. 서울대 정문이 특정 상징물이라기보다는 재미있는 놀이터로 느껴졌다.

재빨리 정문 오르막에 올라타 철제 사다리를 따라 네발 걷기[*]로 정상을 향해 나아갔다. 높이가 점점 높아지며 손과 발을 내딛는 틈 사이로 낭떠러지가 보였다. 정문의 높이는 모두에게 적당한 두려움을 주었고, 역설적으로 두려움이 있기에 재미와 즐거움, 자기 성장의 묘미를 느낄 수 있었다.

어느덧 꼭대기에 올라섰다. 뒤이어 줄리우스, 효, 민규도 정상에 합류했다. 우리는 들뜬 마음으로 관악산과 서울대 전경을 내려다보았다. 현진이 저 멀리서 카메라로 정문에 오른 우리를 영상으로 담았다. 오래 머무를 수 없는 곳이었기 때문에 서둘러 정문을 재빠르게 내려왔다.

정문 옆 서울대 미술관 건물 앞에 도착했다. 넓은 광장에는 대리석으로 된 의자들이 나란히 있었고 시민들이 앉아서 쉬고 있었다. 평소 파쿠르 수련자들은 도시 공간의 벤치를 준비운동 혹은 점프 연습의 도구로 활용한다. 친구들과 함께 평소처럼 돌의자 사이를 점프하고, 돌 위에 앞꿈치로 정확하게 균형 잡아 착지하는 프리시전 점프를 연습했다. 산책 나온 몇몇

---

[*] 네 개의 다리 혹은 팔로 걷거나 달리는 형태. 말 그대로 앞발 뒷발 사지를 모두 이동하는 데에 사용하는 방식으로, 동물계에선 사족보행이 매우 보편적이다. 사람과 새 등을 제외한 모든 육상 척추동물은 사실상 사족보행이다. 파쿠르에서는 좁은 공간을 안전하게 통과하거나 균형을 잡아야 할 때 자주 사용하는 움직임 패턴이다.

아이들과 어른들이 호기심 어린 눈빛으로 우리를 관찰했다.

어느 정도 체온이 오르자, 광장 가운데 높은 기둥에 올라가 보고 싶었다. 실내 클라이밍 센터에서 배운 삼지점* 연습을 복습할 기회였다. 기둥을 오르기 시작했다. 돌기둥은 각 단층마다 손가락으로 잡을 틈이 있었다. 생각보다 쉽게 꼭대기까지 올라갔다. 다만 꼭대기 층이 견고하지 않았고 내 체중으로 흔들리기까지 했다. 위험할 것으로 예상돼 다시 한 단씩 발을 딛고 내려왔다.

기둥에 흥미를 잃고 다시 돌의자로 갔다. 연속 점프 기술을 연습하기 좋게 의자를 재배치했다. 의자와 의자 사이를 신나게 점프하고 있을 때, 미술관 쪽에서 나이가 지긋한 남성 두 명과 그 뒤로 젊은 여성 세 명이 급하게 오는 것이 보였다. 교수로 보이는 한 분이 고함을 쳤다.

"여기서 뭐 하는 거야 임마!"

우리는 순진한 얼굴로 말했다.

"파쿠르 연습을 하고 있었습니다."

무리 중 한 분이 나서서 말했다.

★ 스포츠 클라이밍의 가장 기본 동작이다. 두 발로 홀드를 딛고 양손으로 홀드를 잡거나, 두 발을 하나의 홀드에 얹고 양손은 각각의 홀드를 잡아 균형을 유지한다. 뒤에서 보면 손과 발이 마치 삼각형의 세 꼭짓점에 자리하는 것처럼 보인다. 무게 중심은 하체에 둔다. 그래야 어느 쪽으로 이동하든 움직임이 자유롭다.

"지금 예술작품을 훼손하신 것 아세요? 이 돌은 공공예술 작품입니다."

돌의자인 줄 알았던 것이 사실은 예술작품이었다. 지금까지 서울 올림픽공원의 야외 작품들처럼 작품명, 작가명이 표기된 표지판이 있어야 예술작품인 줄 알았고, 주변 시민들 또한 작품 위에 앉아 있어 의자인 줄 착각한 것이다. 서둘러 사과하고 친구들과 함께 돌의자들을 원래 위치로 배치했다. 다행히 작품이 원래 위치로 돌아오자, 미술관 관계자들은 별다른 말없이 떠났다.

운동장으로 이동했다. 운동장에는 학생들이 열심히 축구를 하고 있었다. 우리는 테라스 난간에서 균형잡기를 하고, 조회대의 높은 벽을 월 런 기술과 다이노(Dyno)** 기술로 올라갔다.

줄리우스는 키가 190cm를 훌쩍 넘겨서 높은 벽을 잘 올라갔다. 법학대학 건물 앞 휴게 공간에서는 효의 제안으로 친구들 등을 밟고 징검다리처럼 이동해 목적지까지 도달하는 도전을 했다. 효는 덴마크에서 배우로 활동하는데, 서커스 교육을 받아서 서로 협력해 몸의 지지 구조를 만드는 데 능숙했

** 클라이밍 기술 중 하나로 벽에 매달린 상태에서 발로 벽면을 밀어내는 동시에 양팔로 당겨서 더 높은 위치에 있는 사물이나 장애물에 매달리는 기술이다.

다. 무거운 체중을 등이 견디는 것이 참 신기했다.

그동안 파쿠르는 장애물과 나 자신의 투쟁으로 이해했는데, 이렇게 놀이를 통해 파쿠르를 경험하니 단체 운동의 성격도 띠었다. 등 사이를 건너가다가 균형을 잃고 맨땅을 밟을 때면 우리는 미친 듯이 웃었다. 마무리 운동으로 종합체육관 천장에 짐링(Gym Ring)*을 설치하고 머슬 업(Muscle Up)** 훈련과 스트레칭을 했다.

피곤한 몸을 이끌고 집에 도착하자마자 촬영한 영상을 편집했다. 즐거운 기억, 소중한 도전을 나 혼자만 기억하기보다는 여러 사람에게 소식을 전하고 기쁨을 함께 나누고 싶은 욕심이 컸다. 영상 제목은 〈서울대 파쿠르 답사-교수에게 쫓겨나다〉로 정했다. 그날 새벽, 유튜브에 영상을 올리고 잠자리에 들었다.

반응은 폭발적이었다. 서울대 학생들의 분노가 담긴 댓글이 대부분이었다. 서울대 정문을 올라간 것뿐 아니라 예술작품을 오르고 옮긴 것, 그리고 교정 안에 외부인이 출입한 행동은 학생들의 원성을 자아냈다. 더러는 서울대라는 상징, 학

★ 기계체조 용품으로 나무 재질로 된 동그란 링. 맨몸 운동의 필수 도구다.
★★ 클라임업과 마찬가지로 철봉에 매달린 상태에서 팔과 상체 힘으로 철봉 위로 몸을 끌어올리는 기술이다. 머슬업을 할 줄 알면 맨몸운동을 좀 한다고 말할 수 있다.

교에 대한 자부심 앞에서 고개 숙이지 못할 망정 예의 없이 구조물을 올라가고 점프한 것을 비난했다. 몇몇 댓글은 한국의 학벌 사회를 비판하는 행위예술로 보았다. 영상을 본 네티즌들의 다양한 자의적인 해석이 이어졌다.

저녁이 되자 조회 수가 순식간에 5만 회를 넘어섰다. 댓글도 3,000개에 육박했다. 수만 명으로부터 욕을 먹는 것은 난생처음이었다. 어느 순간부터 나의 일상은 유튜브 댓글을 실시간으로 확인하는 것으로 대체되었다. 이쯤 되니 두려움과 불안이 머릿속을 지배했다.

영상을 삭제해 논란을 잠재우고 책임을 회피해야 하나, 계속 그대로 두고 보아야 하나 고민하던 중 전화 한 통을 받았다. 서울대 미술관 행정실장이었다. 결국 나는 서울대 미술관 관계자를 통해서 관장 및 예술작가에게 구체적인 소명과 사과를 전했고, 그에 따른 금전적·물질적 보상을 절차대로 마무리했다. 서울대 미술관 측의 요구대로 유튜브 영상을 삭제했다.

파쿠르와 윤리

서울대 파쿠르 영상을 유튜브에서 삭제하는 것은 버튼 하나만 누르면 되는 간단한 일이었다. 그러나 평온했던 일상의 '나'는 온데간데없이 사라지고 마음속에 혼란이 들어섰다. 마음 깊은 곳에서 두려움이 느껴졌다. 그 두려움은 나를 방황하게 했다.

이 거대한 해일에 맞서 반대편으로 노를 저어 나갈 힘과 스스로에 대한 확신이 부족했다. 무엇보다도 혼자였다. 오랫동안 함께 파쿠르를 해 왔던 동료들은 잠적했고, 항상 나의 활동을 응원하던 동호회 회원들은 물 만난 물고기처럼 신나서 나에 대한 근거 없는 소문과 이야기를 만들었다.

그동안 파쿠르라는 세계를 알리기 위해 노력했고, 그 과정을 많은 사람이 지켜봤다. 그들은 나에게 늘 환호만 보여 주는 것 같았다. 그런데 어느 순간 나는 파쿠르의 개척자에서 파쿠르의 범죄자, 악마가 되었다. 모두가 인간 김지호로서 관계를 맺었다기보다는 김지호의 파쿠르, 명성, 능력, 권위에 기대어 관계를 맺어 왔음을 비로소 깨달았다. 나의 실수를 용서하거나 혹은 위로와 용기를 주는, 하물며 불안한 마음을 함께 다독이며 감수할 수 있는 사람은 주변에 단 한 명도 없다는 사실을 알았을 때 허무함이 내 마음을 가득 채웠다.

광기 어린 듯 파쿠르에 더욱 깊이 파고든 건 이때부터다. 사람은 언제든지 상황에 따라 돌아서고 떠날 수 있지만, 파쿠르는 내가 존재하는 한 영원히 옆에 있기 때문이다.

그러던 중 바라캇 서울 전시회(바라캇 갤러리가 아시아 최초로 서울에 개관한 전시 공간)에서 고고하게 자리 잡고 있는 목재 불상을 보았다. 이 불상은 당나라 시대를 대표하는 불상으로, 값으로 매길 수 없는 고고학적 유물이다. 그러나 스티브 바라캇(Steve Barakat)은 자신의 예술적 표현으로 불상을 이리저리 색칠했다. 고고학적 가치를 추구하는 자, 혹은 중국 정부에서 보면 이 행위는 완전한 유물 파괴 행위다. 그러나 그 목재 불상은 전시장에 있는 그 어떤 불상들보다도 새롭고 살아 있는 예술이었다.

그 불상은 존재 자체만으로 정확하게 내 심장을 찔렀다. 자유로운 자기표현과 기존의 윤리·도덕 사이의 딜레마에 빠진 나를 순식간에 구원했다. 어떠한 신, 국가, 민족, 법, 이념, 이상, 상징, 가치도 나에게 이보다 더 감동적이고 강력한 메시지를 줄 수 없었다. 자유로운 예술은 어떤 것도 포용할 수 있고 덧대어질 수 있으며, 사람들 각자 자유롭게 해석할 수 있는 여지를 준다. 그러나 결정적으로 예술은 아무 말이 없고, 아무것도 하지 않는다. 그냥 있는 그대로 있을 뿐이다. 그것이 오히려 예술을 둘러싼 주변에 자유를 준다.

불상처럼 있는 그대로, 가만히 있기로 결정했다. 마치 아무 일도 없었던 것처럼 할 일을 묵묵히 해 나가기로 결심했다.

서울대 사건에서 흔들린 이유는 내가 할 수 있는 것 이상으로 유튜브 조회 수라는 실체 없는 명성에 욕심을 냈고, 사람들의 비난 앞에서 두려움을 극복하지 못했기 때문이다. 명성을 욕심내면, 반대로 명성에 누가 되는 일련의 사건에 강하게 흔들릴 수밖에 없다.

파쿠르를 시작하며 세상과 늘 대립했다. 선생님들에게 꾸중을 들었고, 학교 친구들에게는 이상한, 독특한 친구로 보이기 시작했다. 가족들에게도 알려지자 쓸데없는 짓 그만하고 공부하라는 잔소리를 들었다. 낮에는 올바른 학생, 밤에는 장애물을 넘는 일탈자로 살았다. 대학생이 되자 드디어 낮에도 장애물을 넘을 수 있게 되었다. 하지만 더 많은 사람이 거리에서 하늘의 법칙을 설교하기 시작했다.

"무식하게 벤치에 발을 올리다니! 벤치는 앉는 곳이다. 그래야 다른 사람들이 앉을 때도 깨끗하지."

"놀이터는 애들 노는 곳이에요. 나가세요. 사람은 나이 값대로 행동해야 합니다."

"사람 다니라고 만들어 놓은 길 놔두고 왜 벽을 올라갔어요? 내려오세요. 정해진 길대로 가야 안전하고 효율적입니다."

사물과 주변 환경에 대한 윤리적·도덕적 감수성은 점점 정교해지고 높아졌다. 사람들은 그 잣대로 평가하고 비난했다. 나는 그 설교를 받으며 어떻게 해야 착하고, 올바르고, 선하며, 깨끗한 운동이 될 수 있을지 고민했다. 올바르게 파쿠르를 발전시키면 세상을 널리 이롭게 할 수 있을 것이라 예상했다. 그러나 올바름을 추구하면 할수록 장애물 넘기는 점점 더 내가 그렇게 싫어했던 학교, 학원처럼 돼 갔다. 나조차 학교가 돼 가고 있다는 사실을 소중한 사람들이 떠나고 나서야 깨달았다. 아무리 올바른 '선'일지라도, '모두'를 위한 것일지라도 자유를 침해한다면, '선'이 맞을까?

서울대 사건은 고통스러운 기억이지만, 동시에 예술로서 파쿠르의 정치적·사회적 기능을 발견한 순간이기도 했다.

파쿠르
지도자가 되기로
결심하다

군대 전역 후 다시 파쿠르를 시작했다. 어디 텔레비전 프로그램에서 본 적 있다는 반응이 잦았다. 하지만 여전히 야마카시로 부르고, 닌자들이 했던, 일본에서 시작한 운동으로 착각하는 사람도 많았다. 대중이 이 움직임 문화를 야마카시가 아니라 파쿠르로 부르도록 바꾸고 싶었다. 무엇보다도 나는 움직임의 텍스트와 역사를 야마카시 팀이 아니라 데이비드 벨에게서 찾았다.

파쿠르라는 이름을 제대로 알리는 게 먼저라고 생각했다. 전국 각지의 파쿠르 동호회들과 파쿠르 팀들을 규합하는 일부터 시작했다. 네이버 카페 '한국 프리 러닝&파쿠르 연맹-KFPF'부터 만들었다. 당시에 운동 명칭만 바꾸면 파쿠르가 위험하다는 사람들의 편견, 부정적인 시선이 해소될 줄 알았다. 이름만 바뀌었을 뿐 대중의 인식은 바뀌지 않았다.

평일에는 해외 파쿠르 자료와 동영상을 번역해 카페에 올렸고, 주말에는 입문자도 배우고 파쿠르 동호인들끼리 교류하는 정기 모임을 열었다. 몇 년 후 회원 수가 3만 명에 이를 정도로 규모가 커졌다. 모임을 열면서 다양한 연령, 성별, 몸을 지도해야 하는 상황에 직면했고, 자연스럽게 코칭에 관심을 두게 되었다.

파쿠르 코치가 되기 위한 방법을 조사하던 중, 세계 최초 파쿠르 교육기관이자 국제 공인 지도자 자격 과정을 제공하는 파쿠르 제너레이션즈(Parkour Generations)를 알았다.

단순히 파쿠르 코치가 되고 싶었던 게 아니라, 유럽의 선진적인 파쿠르 교육 시스템을 도입하고 싶었다. 파쿠르 제너레이션즈의 한국 지사 설립을 제안하는 사업계획서를 준비해 2012년, 아시아 피트니스 컨벤션(Asia Fitness Convention)이 열리는 타이의 파타야로 갔다. 파쿠르 제너레이션즈 본사는 영국 런던에 있는데, 마침 아시아 피트니스 컨벤션에 파쿠르 제너레이션즈 창립자 세 명(댄 에드워즈(Dan Edwardes), 포레스트(Francois 'Forrest' Mahop), 스테판 비그로(Stephane Vigroux)) 모두 참석한다는 사실을 알았기 때문이다.

나는 첫 미팅에서 한국 지사 설립을 논의하고 싶었으나, 그들은 완고하게 말했다.

"지호. 파쿠르 제너레이션즈 팀이 되려면, 먼저 너 스스로 수련자이자 좋은 지도자가 되어야 한다."

머리를 한 대 맞은 느낌이었다. 급한 마음을 추스르고 코치의 길을 걷기로 결심했다. 파쿠르 코치가 되기 위한 길은 파쿠르를 창시한 야마카시 팀과 파쿠르 제너레이션즈가 합작으로 만든 A.D.A.P.T(L'art du Déplacement And Parkour Teaching) 자격증이 유일하다. 국제적으로 인정받는 이동기술 및 파쿠르 코칭 자격증이다.

자격증을 따기 위한 훈련 과정에서 한 스테판 비그로와의 대화가 인상적이었다. 그는 리스에 살면서 원래 브레이크댄싱을 열심히 연습하던 평범한 청소년이었다. 그러다 열일곱 살에 데이비드 벨을 만났고, 벨의 집에서 파쿠르 영상과 그의 아버지인 레이몽 벨(Raymond Belle)의 영상들을 보고서 파쿠르의 매력에 빠져들게 되었다고 한다.

벨과 함께 파쿠르 훈련을 할 때 벨은 동작을 구체적으로 어떻게 하는지 알려 주지 않았다고 한다. 그저 동작을 보여 주며 한번 해보라고 하거나 같은 동작을 수백 번, 수천 번 반복 훈련했다고 한다. 아마도 벨이 구체적인 동작과 노하우를 알려 주지 않은 이유는 파쿠르는 훈련자 스스로 주변 환경에 적응하고 수많은 시행착오를 통해 스스로 성장해 나가는 훈련이기 때문일 것이다. 파쿠르를 훈련자에게 구체적으로 어떻게 하는지, 혹은 자신만의 움직임 노하우를 그대로 따라 하도록 강요하는 순간, 훈련자의 자유로운 영감과 시행착오 경험은 사라지고 만다. 과연 나는 어떤 파쿠르 지도자가 되고 싶은가? 새로운 고민이 시작됐다.

하버드 스타디움의
교훈

2014년 9월 24일, 국제 공인 파쿠르 지도자 과정 'ADAPT Level 2' 마지막 5일 차였다. 오전 9시까지 하버드 스타디움(Harvard stadium)에 집합했는데, 도착하자마자 무엇을 할지는 모르겠지만 느낌이 심상치 않았다.

하버드 스타디움은 고대 로마제국의 아레나(Arena) 건축을 본떠 1903년에 완공했으며, 시민들이 경기장 계단을 달리는 유서 깊은 문화가 남아 있다. 하버드 스타디움 계단 달리기가 세간에 알려진 계기는 1970~1980년대를 주름잡던 전설적인 조정 경기 선수이자 코치인 해리 파커(Harry Parker), 아이스하키 선수이자 코치인 빌 클러리(Bill Cleary) 등이 수십 년간 자기 훈련과 선수 육성에 활용하면서부터다. 그 뒤 보스턴 마라톤 선수, 산악인, 피트니스 마니아 등이 합류하고, 베이비붐 세대가 노화를 예방하고 체력을 기르고자 천천히 계단 걷기 운동 캠페인을 벌이면서 더욱 널리 알려졌다.

사람들은 하버드 스타디움을 단순히 체력을 기르기 위해 달리는 것뿐만 아니라, 탁월한 성취를 이룬 영웅들과 명예로운 도전을 함께함으로써 자기 자신 또한 그 주인공이 되고 싶다는 생각에 달린다. 그런 점에서 하버드 스타디움은 단순히 오래된 경기장이 아니다. 육체적·정신적 한계를 깨닫고 그것을 극복하려는 보스턴 시민들의 도전 정신과 명예의 역사가 계승되는 문화적 공간이다.

2011년, '노벰버 프로젝트(November Project)'는 날씨가 추워지기 시작하는 11월에도 사람들이 건강한 몸과 체력을 유지할 수 있도록 보스턴의 올림픽 메달리스트, 프로 선수, 마라토너, 철인 등이 합심해 무료로 피트니스 프로그램과 도전을 제공하는 시민 운동을 시작했다. 나이, 몸매, 체력에 상관없이 자신을 변화시키고 싶은 의지만 있으면 누구나 참여할 수 있으며, 많은 동기부여와 용기를 얻을 수 있다. 이 프로젝트는 대성공을 거둬 전 세계 50여 개가 넘는 도시로 퍼졌다. 눈여겨볼 것은 전 세계로 퍼진 노벰버 프로젝트가 하버드 스타디움의 계단 달리기에서 시작되었다는 점이다.

하버드 스타디움은 한 구역에 31칸의 계단으로 구성됐으며, 총 37개의 구역이 말발굽처럼 미식축구장을 둘러싸고 있다. 하버드 스타디움 계단 달리기는 올라갈 때 큰 계단으로 오르며, 계단 높이는 약 38.1cm, 너비는 76.2cm다. 계단에서 할 수 있는 도전은 다양한데, 주로 다음 네 가지 방식이 인기가 많다.

- **Full Tour** 37개 구역을 가장 빨리 완주하기.
- **Tour of 50** 37구역에서 달리기를 시작해 반환점인 13구역을 돌아 다시 37구역으로 최대한 빨리 돌아오기.
- **35minutes** 35분 안에 최대한 많은 구역을 정복하기.
- **Century** 100개 구역을 최대한 빨리 완주하기

　ADAPT level 2 자격 과정 보조 강사(Instructor)로 참여한 파쿠르 제너레이션즈 아메리카의 대표 블레이크(Blake Evitt)는 파쿠르 코치가 되기 전에는 육상 선수였고, 중·고등학교 시절부터 하버드 스타디움을 달렸다. 그는 마지막 5일 차 도전 과제로 하버드 스타디움 달리기를 제시했다. 도전은 간단했다. 40분 안에 37구역까지 완주하기.

　파쿠르의 '유용해지기 위해 강해져라(Be strong to be useful)' 정신을 실천하기 위해 자격 과정 강사인 블레이크와 미켈 티센(Mikkel Thisen), 앤디 피어슨(Andy Pearson)도 이 도전에 참여했다. 도전자들은 1구역 첫 계단 앞에 섰다. 서로

지옥에서 보자며 마지막 인사를 나눴다. 언제나 그렇듯이 나는 입가에 미소를 활짝 지었지만, 머릿속은 이미 두려움으로 가득 차고 심장은 쿵쾅거리며 아드레날린이 폭발했다. 출발!
시작부터 가볍게 뛰어가는 블레이크를 보며 경쟁 심리가 발동해 뒤쫓았다.

1구역에서 4구역까지는 몸풀기였다.

5구역부터 똑같은 페이스를 유지해서 무심하게 뛰어 올라가는 블레이크가 점점 두려워졌다.

7구역이 되자 도저히 처음의 속도를 유지하기 어렵고, 다리가 무거워지기 시작했다. 무엇보다도 숨이 거칠어졌고, 블레이크를 이기려는 내 마음이 내 몸을 옥죄었다.

8구역이 되자 블레이크 뒤쫓기를 포기했다. 녀석은 괴물이었다. 대신 나만의 페이스로 뛰려 했는데, 되려 내 뒤를 쫓아오는 다른 도전자들이 보였다.

10구역. 육체적으로 너무 힘들어서 계속 남과 나를 비교하려는 마음을 잊을 수밖에 없었다. 내 몸에서 내 영혼이 사라졌다. 무의식적으로 팔다리가 움직여 계단을 달렸다.

11구역. 다리 근력은 그런대로 버틸 만했지만, 심장이 너무 터질 것 같고 호흡이 힘들어서 걸어 올라가기 시작했다.

12구역. 걷기는 오히려 잘못된 판단이었다. 계단과 계단 사이가 넓고 높아서 한 계단 오를 때마다 런지(lunge)를 하는 것과 같았다. 허벅지 근육이 터지다 못해 마비될 것 같았다.

13구역. 다시 뛰어 올라갔다. 터질 것 같던 허벅지 근육은 진정되었지만, 반대로 호흡이 거칠어졌다. 완전히 딜레마에 빠졌다. 걷는 것도 뛰는 것도 고통스러웠다. 피할 곳은 어디에도 없었다.

14구역. 뛰어 올라가기 시작해서 호흡이 힘들면 걸어 올라가기로 했다. 이 고통이 끝날 수 있는 37이라는 숫자가 내 머리를 지배하기 시작했다.

18구역. 잠시 저 멀리 달리는 블레이크를 보았다. 그는 페이스를 유지한 채 처음처럼 달리고 있었다.

23구역. 육체적으로 힘든 상황에서 외부적인 것들(숫자, 시간 보기, 비교/경쟁하기, 편한 자세 찾기 등)은 아무런 도움이 되지 않는다는 사실을 깨달았다. 나는 비로소 나 자신에게 집중해 계단을 오르기 시작했다.

26구역. 나의 육체가 비명을 지르고 있지만, 내 마음은 어느 때보다 평온했다.

30구역. 블레이크가 어느새 37구역까지 완주하고, 제일 뒤에 있는 도전자를 향해 달려가는 것이 보였다. 또한 내 뒤를 쫓아오던 앤디와 미켈은 매 구역을 완주할 때마다 팔굽혀펴기 10개씩 하는 것이 보였다. 그들은 뒤쫓아 온 것이 아니라 자기 자신에게 있는 그대로 최선을 다하고 있었다.

37구역. 완주의 순간, 몸의 긴장이 풀렸다. 기록은 31분이었다. 성공이다! 나는 내가 이룩한 성취가 대견스러워 하버드 스타디움의 웅장한 계단들을 쭉 둘러보았다. 그러다가 다른 사람들의 도전이 끝날 때까지 함께 옆에서 달리는 블레이크를 발견했다. 그에게는 37구역이 끝이 아니었다. 끝이 없는 곳을 향해 계속해서 나아가고 있었다. 나는 그를 보며 머리를 망치로 한 대 맞은 것 같았다. 어떤 목표, 결과, 뜻, 이상,

기준은 그것을 성취한 순간 거기서 끝난다. 결국 그런 목표 지향적인 것들은 한계가 있을 수밖에 없다. 오히려 외부의 목표나 기준에서 벗어나 살아 있는 모든 순간에 최선을 다할 때 영원성과 무한함을 지닌다는 것을 깨달았다.

나는 37구역에서 벗어나 아직 계단을 오르는 도전자들에게 달려갔다. 그동안 집, 학교, 어른에게서 배운 이타주의는 조금 불편하더라도 자기 것을 남을 위해 양보하고, 희생하는 것인 줄 알았다. 그러나 하버드 스타디움의 경험은 나에게 이타주의는 그런 것이 아님을 가르쳐 주었다. 이타주의는 오히려 자신을 더 큰 그릇으로 확장하고 더 강인해질 수 있도록 돕는 원동력이다.

초등학생만 파쿠르를 하는 이유

예전에는 파쿠르 동호인들이 초등학생부터 십 대, 이십 대, 삼십 대까지 고르게 있었다면, 지금은 열 명 내외의 엘리트 파쿠르 선수이거나 돈 내고 파쿠르 수업을 듣는 취미반 성인뿐이다. 나머지는 파쿠르를 갓 시작한 초등학생이 다수를 이루면서 중간 세대가 텅 비어 있다.

특히 스마트폰이 영향이 컸다. 스마트폰이 출시되고 페이스북, 카카오톡, 인스타그램 등이 주요 소통 창구가 되면서 파쿠르 동호인의 네이버 카페 활동이 급격히 줄어들었다. 예전에는 네이버 카페에 들어가면 전국 각지에서 열리는 파쿠르 모임을 실시간으로 확인할 수 있어서 파쿠르에 관심 있는 입문자들도 누구나 쉽게 모임에 참여했다. 그런데 페이스북과 카카오톡이 주요 소통 창구가 되면서 모임이 어디서 열리는지 확인이 어려워졌고, 파쿠르 동호인들도 불특정 다수와 운동하기보다는 아는 사람들끼리만 운동하는 문화가 되었다.

자연스럽게 파쿠르 인구가 줄어들었고, 세대 간 실력 차도 커졌다. 스마트폰과 SNS가 우리를 더 가깝게 연결해 줄 것이라 예상했지만, 파쿠르에 입문할 수 있는 정보 격차, 파쿠르 전문가와 입문자 사이에 격차는 더욱 커지고 함께하는 시간은 더 옅어졌다.

네이버 카페 시절에 파쿠르는 체육관이나 코치에게 가서 돈 내고 배워야 하는 운동이라기보다는 길거리에서 독학하고, 영상을 보면서 연구하고, 모임에 나가서 연습하는 운동이었다. 현재는 "주변에 코치가 없어요", "주변에 체육관이 없어요", "파쿠르 할 장소가 없어요", "돈이 없어서 파쿠르 못 배우고 있어요" 같은 반응이 많아졌다. 입문자가 파쿠르 연습을 포기하는 모습을 자주 접한다. 유튜브나 인스타그램에 파쿠르 영상 강좌와 팁은 넘쳐나지만 입문자는 '정보의 바다'에서 어디로 가야할지 헤맬 수밖에 없다.

2018년 크리킨디센터 하자작업장학교 청소년들에게 파쿠르 수업을 지도하면서 만난 이민규(겔), 조한울(다이)과 함께 청소년이 자율적으로 운영하는 파쿠르 커뮤니티를 고민하기 시작했다. 파쿠르를 잘하는 동호인들도 예전에는 어떻게 하면 파쿠르하는 사람들이 많아지고 입문자를 잘 이끌지 고민했다면, 지금은 자기 운동과 자기 실력 향상 외에 파쿠르

보급에 관심을 두지 않는다. 이러한 문제들을 해결하고자 청소년이 모여 '모험 움직임 지대' 커뮤니티를 만들었다. 한 달에 한 번씩 정기모임을 열기 시작했다.

모임은 처음부터 순탄하지 않았다. 모임 참여자 90%가 초등학생이었기 때문이다. 해를 거듭할수록 파쿠르 동호인들 연령대가 낮아진 탓이다. 초등학생 때 파쿠르에 입문해서 중학생이 되면 학업 때문에 파쿠르를 관둔다. 이십 대까지 열정을 유지하더라도 생계 문제로 그만둘 수밖에 없다. 악순환이 반복되면 결국 초등학생만 남는 것이다. 준비운동부터 막막했는데, 기존에 코치가 앞으로 나서서 시범을 보이고 설명하는 방식은 초등학생이 따라 하기 어려워 집중력이 떨어졌다. 해결책을 '놀이'에서 찾았다.

놀이가된
파쿠르

어느새 우리는 놀이를 멈췄다. 성인의 놀이(취미) 종류로 옮겨 가도 중요한 것이 빠져 있다. 바로 상상력이다. 상상력은 인간의 지속적인 성장에 매우 중요하다. 상상력은 우리가 이미 알고 이해한 것들의 다른 측면을 보게 만든다.

철학자 버나드 슈츠(Bernard Suits)는 《베짱이: 놀이, 삶, 그리고 유토피아(The Grasshopper: Games, Life, and Utopia)》에서 놀이를 이렇게 정의한다. "놀이는 구체적인 상상을 현실로 가져오는 활동에 참여하는 것입니다. 오직 규칙에 허가된 수단만 사용해서요. 그 규칙은 효율적인 방법이나 수단, 활동을 일부러 금지합니다. 그래야 비효율적인 움직임과 활동이 가득하고, 그게 재미와 즐거움을 느끼게 해 줍니다."[*] 슈츠가

---

[*] Bernard Suits, 《The Grasshopper: Games, Life, and Utopia》, University of Toronto Press, 1978, p. 34(김홍식, 〈스포츠 이론의 전개: 슈츠의 스포츠 구성요소〉, 《움직임

여기서 말하고자 하는 바는 우리가 놀이할 때 여러 가지 제약, 한계, 장애물을 받아들인다는 것이다.

정확하게 놀이와 파쿠르가 만나는 지점이다. 바닥에 용암이 없는데도 〈도전! 용암 위를 건너라〉[*]처럼 용암을 건너는 흉내를 내며 놀고, 어떤 보상도 없는데 열심히 꼬리잡기 놀이를 한다. 편한 길을 놔두고 굳이 어려운 길을 간다. 상상력 넘치는 활동은 평소에 하지 않는 결정을 내리게 돕는다. 주어진 운명과 의무에서 벗어나게 한다.

일상이 지루한 이유는 예측 가능하고 익숙한 문제 해결이 반복되기 때문이다. 학교나 직장에서 돌아올 때 매번 똑같은 길을 가지는 않나? 집 앞에 도착했을 때 새로운 것을 시도해야겠다는 의지조차 없다고 느낀 적이 있나? 왜 그럴까? 바로, 집에 가는 '최고의 길'을 정해 두었기 때문이다. 길을 정해 두면 정답에 도달할 수 있지만 호기심은 죽는다. 생각하는 힘은 약해지고 몸은 게을러진다. 오히려 최고의 길은 새로운 질문을 던지거나 똑같은 질문에 다른 정답을 찾게 만드는 과정에 존재한다. 내일은 집에 돌아갈 때 놀이처럼 새로운 길로 가보는 것은 어떨까? 집에 색다른 방식으로 가는 길은 '유희적

의 철학: 한국체육철학회지》제30권 제4호, 한국체육철학회, 2022에서 재인용).
[*] 바닥이 용암인 방에서 사물을 활용해 파쿠르로 탈출하는 넷플릭스 프로그램.

태도(lusory attitude)'의 한 가지 방법이다.

놀이는 먹고사는 문제, 돈이 대표하는 생존의 '필요'를 뛰어넘어 놀이 자체에 가치를 부여한다. 놀이는 어떤 보상과 목적이 없으나, 그 행위 자체만으로도 재미있고 즐겁다. 우리는 자라면서 목적이나 보상이 분명한 활동으로 일상을 채운다. 사회적으로 그렇게 길들여져 왔다. 이유가 불분명한 놀이는 비효율적이고 생산적이지 않은, 제거 대상 1순위가 되곤 한다.

놀이의 본질은 상상과 재미에 있다. 우리는 모두 어린이처럼 놀았다. 아무도 어떻게 놀지 알려 주지 않았고, 노는 데 어른이 필요하지 않았다. 파쿠르 수업 중에 한 어린이가 이렇게 말했다.

"놀이는 뭔가 해야 한다는 말을 듣지 않았을 때, 내가 하는 거예요."

청소년들과
파쿠르하다

혈기 넘치는 남자 중학생들과 파쿠르 수업할 기회를 얻었다. 천안의 한 중학교에서 학생들을 만났다.

파쿠르 교실 – 1차시

첫 수업이라 학생들은 조용히 앉아 내가 하는 말, 하는 행동을 면밀히 관찰했다. 준비한 프레젠테이션과 동영상 자료로 20분 정도 자기 소개와 파쿠르 소개를 이어 나갔다. 우려와 달리 참여도가 높았다. 아무리 좋은 콘텐츠와 강의라 하더라도 교실 안에서는 흥미를 잃을 것이 뻔해 강의를 빠르게 마치고, 바로 실전으로 들어갔다.

'사일런스 파쿠르(Silence Parkour)' 세션을 시작했다. 사일런스 파쿠르는 소리 내지 않고 주변 지형지물을 극복하는 시간이다. 소통 방식 또한 소리가 나는 말 대신 몸짓으로만 진행한다. 교실에 있는 의자와 책상을 본래 정해진 용도에서 벗어나 자유로운 움직임으로 활용했다.

무표정한 학생들의 얼굴에서 눈빛이 살아나고 웃음과 재미가 가득해지기 시작했다. 교실 문을 열고 복도를 지나 계단을 네발걷기로 내려가고, 미끄럼틀처럼 난간 위에 앉아 쭉 아래층으로 내려갔다. 이섭이라는 친구는 신이 났는지 원숭이를 흉내내며 계단을 내려왔고, 그걸 본 다른 친구들이 웃으며 뒤따랐다. 우리는 언더바(Underbar)* 기술로 1층 창문을 통과하는 연습을 하고, 운동장 계단에 있는 벽을 오르고, 화단 사이를 훌쩍 뛰어넘었으며, 기둥을 양손으로 잡아 360°로 몸을 회전시켰다.

학교 뒤편의 원형 공터에 도착해 사일런스 파쿠르를 마무리하고, 기본적인 착지와 점프를 연습한 뒤 2인 1조로 짝꿍과 함께하는 움직임 놀이를 했다. 움직임 놀이를 따라 하기는 했지만, 생각보다 흥미가 떨어져 보였다. 놀이 형식보다는 기술 자체에 관심을 보였다. 운동 습관이 없는 성인들은 몸을 기술에 끼워 맞춰야만 하는 상황에서 부담을 느끼기 때문에 움직임 놀이 형식을 더 좋아하는데, 학생들은 기술이 제시하

---

* 난간 혹은 철봉 구조물 사이로 몸을 통과시키는 기술. 영화 〈13구역〉에서 레이토가 추적자들로부터 도망칠 때, 좁은 문틈으로 몸을 통과시키는 장면이 가장 대표적이다. (참고: https://www.youtube.com/watch?v=ItvHGdh8v5E)

는 어려움을 극복하고 싶어 했다.

학생들의 관심 분야를 빠르게 읽어 낸 뒤 움직임 놀이를 마무리하고, 운동장 철봉으로 데려가 팔 힘으로 한 번에 철봉 위로 몸을 들어 올리는 머슬 업, 철봉에 매달려 스윙으로 얻은 탄성으로 건너편에 착지하는 라쉬(Lache)를 지도했다. 이섭은 평소 철봉을 연습했는지 머슬 업을 곧잘 따라 했지만, 두려움으로 라쉬를 어려워했다. 상현과 종우가 라쉬를 쉽게 성공하자 오기가 생겼는지 포기하지 않고 도전했다.

파쿠르 교실-2차시

지난 시간에 결석한 새로운 얼굴, 종현이 왔다. 아이들이 모였으니 교실에서 나가기로 했다. 나서자마자 2층 창문이 보였다. 아이들이 "2층에서 뛰어내릴 수 있을까?" "가능할 것 같은데?"라며 호기심을 드러냈다. 이때를 놓치지 않고 말했다.

"오케이! 제가 먼저 시범을 보일 테니 같이 따라 내려오세요."

창문을 열고 난간을 넘어 1층 현관문 천장 위로 사뿐히 착지했다. 천장 가운데는 철판으로 덮였는데, 가운데가 움푹 찌그러져 있었다.

"자! 난간을 뛰어내리지 말고 발 하나씩 천천히, 중앙 말고 바깥쪽 철판을 딛고 내려오세요."

클라임 업 기술을 역순으로 천장 모서리에 매달린 뒤 지면에 가볍게 착지했다.

아이들이 "우와!" 하며 탄성을 내질렀고, 너도나도 해보자며 한 명씩 내려오기 시작했다. 2층 창문에서 밖으로 나온 우리는 가볍게 조깅으로 준비운동하러 학교 뒤편으로 이동했다. 우리는 동그란 원으로 모인 뒤 간단한 가동성 운동, 근력 운동을 했다. 준비운동하면서 아이들을 관찰하니 말로만 설명하고 지시하면 눈치만 보고 따라 하지 않는데, 직접 시범을 보이고 움직이면 귀찮은 얼굴을 하면서도 몸은 곧잘 따라 했다. 팔굽혀펴기를 최대한 천천히 내려가고, 오래 버틴 뒤 다시 올라오는 것을 3회 반복하는데 여기저기서 비명이 터져 나왔다.

준비운동을 마무리하고 바로 근처에 주차 방지턱을 활용해서 제자리 점프 후 얇은 방지턱 위로 앞꿈치를 착지하는 프리시전 점프를 연습했다. 두 친구는 슬리퍼를 신고 왔는데도 곧잘 착지에 적응했다. 이어서 연속 점프로 난이도를 올렸는데, 상현은 슬리퍼를 신고 불안한 착지를 이어갔지만 어느 때보다 즐거운 표정으로 점프를 반복했다.

이럴 때일수록 코치로서 만감이 교차한다. 학생의 심리적 성장과 즐거움을 생각한다면 점프를 격려하겠지만, 안전 측면에서는 불안한 착지가 보이면 멈추고 교정 작업을 지시해야 한다. 나는 점프를 격려하는 동시에 앞꿈치 착지 기술에 관해 피드백을 줬다.

같은 기술을 반복하면서 흥미가 떨어지는 조짐이 보이자, 무리를 이끌고 오늘의 하이라이트인 턴 볼트를 지도하러 학교 급식실 앞으로 이동했다. 야외에 있는 급식실로 내려가는 계단에 난간에서 턴 볼트를 세 가지 구분 동작으로 나눠 지도했다. 금세 적응한 아이들은 진도에 맞춰 턴 볼트 3단계까지 완수했다.

종현은 턴 볼트를 연습하다가, 시키지도 않았는데 바로 옆에 있는 접지력 좋아 보이는 벽으로 월 런을 시도하기 시작했다. 이때를 놓치지 않았다. 더 잘할 수 있도록 월 런을 시범 보이고 알려 주었다. 나는 수업 계획을 꼼꼼하게 하지만 수업 현장과 학생들을 수업 계획대로 몰아가지 않는다. 오히려 현장의 변화와 학생들의 욕망에 맞춰 지도한다. 철학자 사르트르(Jean Paul Sartre)의 '실존은 본질에 앞선다'를 견지하기 때문이다.

체육 수업을 듣는 다른 반 학생들이 높은 벽으로 월 런하는 파쿠르 수업 학생들을 흥미로운 시선으로 보기 시작했다.

표정은 각양각색이었다. 관심에 목매는 사람을 보는 듯하는 시선, 나도 해보고 싶다는 표정, 저게 가능한 일인지 놀라는 시선, 왜 저러는지 모르겠다는 표정. 그중에 한 남학생이 호기심을 참지 못하고 벽을 향해 월 런을 시도했다. 운동하는 친구인지 벽을 발로 딛고 몸을 위로 띄워 높은 난간을 잡아챘다. 스스로도 해낼 줄 몰랐다는 표정으로 놀라워하는 동시에 성취감으로 가득했다. 그걸 본 이섭, 상현, 종현도 질세라 열정적으로 월 런을 연습했다.

얼마 뒤, 자신이 올라갈 수 있는 벽 높이 한계에 도달했는지 조금씩 지쳐 가는 조짐이 보였다. 바로 다음 도전 과제를 제시했다. 방금 배운 턴 볼트 기술을 활용해서 2층에서 아래층으로 뛰어내리는 도전이었다. 도전 과제를 설정할 때는 안전을 위해 학생들의 체력 수준, 기술 수준, 컨디션, 사전 장애물 확인 등의 과정을 거쳐야 한다. 학생들은 이게 가능한 도전이냐며 의구심 반, 호기심 반을 드러냈다.

나는 2층 난간을 움켜쥐고 망설임 없이 건너편 난간으로 몸을 반 바퀴 돌아 매달리고, 아래층으로 뛰어내려 사뿐히 착지했다. 그 순간 우레와 같은 탄성과 함께 아이들 표정에서 의심이 사라지고 너도나도 해보겠다는 의지로 가득 찼다. 조심스럽게 한 명씩 난간에 매달린 뒤, 착지할 곳을 보고 앞꿈치로 지면에 착지하면서 양 손바닥으로 남은 충격을 분산시켰다. 매달려 있는 동안 아이들은 두려움을 느꼈지만, 타고난 호기심과 모험심이 두려움 대신 마음 한 켠을 차지했다. 가까이서 뛰어내릴 수 있다는 용기를 북돋았다. 아이들이 착지할 때마다 환호가 터져 나왔다. 아이들 표정에는 두려움을 극복하고 해냈다는 성취감으로 가득했다.

한 사람당 세 번씩 도전 과제를 연습한 뒤 급식실 벽면 파이프를 타고 옥상으로 이동했다. 옥상에 도착하니 허리 높이 장애물이 연속으로 배치되어 있었다. 이때다 싶어 양팔 사이로 다리를 통과해 장애물을 넘는 캣 패스(Cat Pass)* 기술을 시범 보이고 지도했다.

성인을 지도할 때면 캣 패스를 완성하기까지 최소 한 달 이상 걸린다. 이미 좌식 생활과 움직임 부족으로 고관절과 발목의 가동 범위와 힘이 부족하고, 장애물을 넘을 수 있을까 두려움도 많다. 그런데 아이들은 보자마자 쉽게 장애물을 넘었다.

신나게 옥상 장애물을 극복하고 더 높은 옥상으로 올라갔다. 낭떠러지를 옆에 두고 제자리 점프로 균형을 잡고, 암벽 등반처럼 벽에 튀어나온 사물과 창문틀을 잡고 옆으로 이동

---

* 대표적인 파쿠르 기술로, 장애물을 양손으로 짚은 뒤 고양이처럼 양팔 사이로 다리를 통과시켜 넘어가는 동작이다.

했다. 옥상에서 내려오는 것도 신나는 모험의 연속이었다. 오늘 배운 턴 볼트 기술로 벽에 매달려 1층 지상으로 착지했고, 그 앞에 난간을 고양이처럼 네발로 기어갔다. 일렬로 놓인 벤치를 볼트 기술로 극복하고, 단체로 협심해서 더 빠르게 장애물을 극복하는 스피드 코스 시간을 가졌다.

정리운동은 2인 1조로 다리 찢기를 했다. 다리가 벌어질수록 여기저기서 비명이 들려오자, 분위기가 왁자지껄해졌다. 정리운동을 마치고 원으로 모여 앉아 소감을 나눴다. 지난번 수업 때는 "재미있었어요"라는 한 문장밖에 없었는데, 오늘은 "성취감이 대단했어요", "두려움 덕분에 제 자신을 만났어요" 등 표현이 풍부해졌다.

파쿠르 교실-3차시

파쿠르 교실이 전교생에게 널리 알려졌다. 파쿠르 교실 외 학생들도 수업에 참여해서 함께 장애물을 극복하고 도전 정신을 끌어올렸다. 학생들이 늘어나자 선생님들이 수업 참가자 외에는 참여하지 못하도록 협조해 달라고 요청했다. 파쿠르 활동을 보고 매우 위험하게 생각하는 선생님들도 있었다. 교장 선생님과 교감 선생님에게 보고하는 사태가 벌어졌고, 수업이 끝나고 교감실에서 개인 면담을 받았다.

파쿠르 교실에 참여하고 싶어 하는 학생들이 더 많아졌다. 열두 명으로 불어났는데, 담당 선생님이 오셔서 기존 수강생 네명 빼고 나머지는 전부 나가라고 지시했다. 아이들은 6교시, 7교시 쉬는 시간을 틈타서라도 파쿠르 수업에 왔고 조회대를 뛰어넘었다.

《장자》의 〈마제(馬蹄)〉 편을 한번 들추어 볼 필요가 있다. 마제는 말굽이라는 뜻인데, 장자는 〈마제〉 편에서 백락이라는 사람의 일화를 통해 명마를 알아보는 인간의 시선을 통렬하게 비판한다.

> 말은 굽으로 서리나 눈을 밟을 수 있고 털로 바람과 추위를 막을 수 있다. 풀을 뜯고 물을 마시며 발을 들고 뛰어다닌다. 이것이 말의 참된 본성이니 비록 호화로운 저택이 있다고 하더라도 쓸 곳이 없다. 그런데 백락(伯樂)이 "나는 말을 잘 다룬다"라고 해서 털을 태우고 굽을 깎고 낙인을 찍으며 연이어 굴레를 씌우고 다리를 묶으며 구유와 마판에 줄줄이 묶어 놓음에 이르러 죽는 말이 열에 두세 마리에 이른다.*

---

* 장자, 《장자》第9篇 馬蹄 제1장, 동양고전종합DB(http://db.cyberseodang.or.kr).

뛰고, 놀고, 말하고, 모험하고, 사람과 세상을 경험하는 청소년을 닭장 같은 교실에 가두고, 평가하고, 움직임을 제한하고, 교복을 입히는 것은 인위적인 규칙으로 이끌어 삶다운 삶에서 멀어지게 하는 것이 아닐까? 앞으로 얼마나 더 많은 청소년들의 영혼이 죽어야 살까?

파쿠르와
흉터

        20년 이상 파쿠르를 수련한 트레이서의
몸은 어떨까? 내 몸은 파쿠르로 성장했지만 그만큼 흉터도
많이 남았다. 흉터는 몸의 역사이고 몸에 쓴 반성문이다. 나
의 오만과 욕심이 몸을 아프게 했고, 때로는 그 상처가 몸을
더 단단하게 만들기도 했다.

오른쪽 엄지발가락

나의 오른쪽 엄지발가락은 왼쪽 엄지발가락보다 두터운 편
이다. 파쿠르 1년 차에 다쳤던 부상 때문이다. 고등학교 2학
년 여름방학, 어느 주말에 성남시 분당에서 열린 파쿠르 모임
에 참가했다. 탄천종합운동장 뒤편 놀이터에서 계단으로 제
자리멀리뛰기를 하다가 계단에 착지하자마자 발바닥이 미
끄러지면서 엄지발가락이 계단 모서리에 찍혔다. 타박상처
럼 엄지발가락이 부어올랐고 발가락을 접으려 할 때마다 찌

릿한 통증이 느껴졌다. 다음날 엑스레이 촬영을 하니 충격으로 엄지발가락 뼈에 실금이 갔단다. 의사는 깁스를 하기보다 자연적으로 붙을 때까지 쉬라고 했다. 엄지발가락 다쳤다고 발목 전체를 깁스하면 뼈가 붙는 몇 주 동안 한쪽 다리 전체의 근육량이 급속도로 쇠퇴하고, 관절 가동 범위가 줄어들기 때문에 득보다 실이 많다고 했다. 의사 선생님 말대로 점프는 자제하고 휴식하니 자연스럽게 실금이 붙었다. 다만 엄지발가락이 두터워진 채로 회복됐다. 뼈가 전보다 더 두껍게 붙으니 무에타이 선수의 정강이뼈처럼 튼튼해진 셈이다.

오른쪽 정강이뼈

오른쪽 정강이뼈는 왼쪽 정강이뼈보다 살짝 돌출해 있다. 2008년 프랑스에서 맨파워 갭 점프 도전 뒤, 한국에 돌아와서 매일 쉬지 않고 점프 훈련을 하다 보니 피로골절이 발생한 것이다. 피로골절에도 단계가 있는데, 나는 뼈가 붓는 단계를 넘어서 살짝 금이 가기 시작했다. 점프 후 착지할 때마다 정강이 부위가 이쑤시개로 찌른 듯 따끔거리면서 손으로 만지면 멍든 부위를 만지듯 타박상 느낌이 났다. 의사 선생님은 피로골절은 무리한 운동을 자제하고 쉬는 방법밖에 없다고 했다. 파쿠르를 그만두기에는 너무 즐겁고 재미있었다. 결

국 2009년 1월까지 파쿠르를 계속하다가 피로골절이 심해
졌고, 2월에 입대하면서 강제로 쉴 수 있었다. 6개월 동안 이
등병 생활(당시 부대 내 이등병은 운동해서는 안 된다는 규칙이 있
었다)을 하면서 피로골절은 자연스럽게 사라졌다.

정강이 흉터들

파쿠르하는 사람들은 유독 정강이에 흉터가 많다. 얇은 철봉
이나 난간 위로 프리시전 점프 착지를 하다가 앞으로 미끄러
져 장애물에 정강이를 부딪혀 '신저리(Shin+Injury=Shinjury)'
를 당하기 때문이다. 신저리가 워낙 유명한 흉터다 보니 파쿠
르하는 사람끼리 서로 알아보는 일종의 문신이 됐다. 처음 신
저리를 당하면 정강이 피부가 새하얗게 벗겨지는데, 처음 다
친 사람은 뼈라고 착각하기도 한다. 사실은 피부가 벗겨지면
서 진피층이 드러난 것이다. 하얀 진피층은 30~60초가 지나
면 시뻘건 피가 샘솟는다. 신저리가 심하면 병원에 가서 꿰매
야 한다. 피가 흐르고 하얀 진피층이 드러나서 심각해 보이지
만, 사실 일반적인 타박상보다도 쉽게 딱지가 생기고 아무는
편이다. 다만 피부가 벗겨진 부위는 흉터로 남고 조금만 스쳐
도 진피층이 다시 드러난다. 그래도 사는 데 불편함은 없다.

무릎 흉터들

무릎에는 신저리 흉터와 마찬가지로 일자로 베인 듯한 흉터들이 많다. 이것 역시 파쿠르 기술 중 캣 패스라는 동작을 하다가 장애물 모서리에 양쪽 무릎을 부딪쳐 생겼다. 초보자 시절에는 양팔 사이로 양쪽 무릎을 모아 장애물을 통과하기 어려워 장애물 모서리에 무릎을 부딪히기 십상이었다. 무릎 타박상은 물론이거니와 장애물 모서리 모양대로 무릎에 흉터가 남았다. 이렇게 한 번 다치면 다음날 무릎 부위가 퉁퉁 부어 걷기가 불편해지는데, 일상적인 타박상 수준이니 일주일 쉬면 금방 나아서 다시 파쿠르하러 나갔다.

왼쪽 날개 뼈

사우나에서 웃통을 벗으면 친구들이 종종 물어 보는 흉터가 바로 왼쪽 날개 뼈 부분에 있는 "칼빵자국"이다. 칼로 깊게 베인 듯한 흉터가 왼쪽 날개 뼈를 길게 지나가는데, 칼을 맞은 듯해 별명이 칼빵자국 흉터다. 이 흉터는 2020년 7월쯤 건국대에서 파쿠르 영상을 촬영하다가 다쳐서 생겼다. 4층 높이의 철제 계단 난간을 스파이더맨처럼 계단을 이용하지 않고 한 층을 한 번에 점프해서 내려오는 디센트(Descent)라는 동작을 한 뒤 지면에 착지하고 낙법을 했는데, 낙법 뒤 일어설 때 계단의 H빔 날카로운 모서리에 왼쪽 날개 뼈 부위를 긁혔다. 티셔츠가 길게 찢어지고 그 틈으로 칼로 깊게 베인 듯한 상처가 났다. 며칠 뒤 아물었지만, 흉터는 그대로 남았다.

손등과 손목 흉터

손등에도 흉터가 많다. 마치 맨손으로 벽을 치는 무술가처럼 베이고 찢긴 흉터가 있다. 이 상처들은 제자리 점프할 때, 양팔을 뒤로 최대한 보냈다가 앞으로 당기면서 점프하기 직전, 근처에 있던 조명등, 벽, 난간에 긁힌 흔적이다. 따가웠으나 심하게 다친 것은 아닌데, 관리를 잘 안 했더니 흉터로 남았다. 손목은 벽을 올라갈 때 자연스럽게 벽의 날카로운 표면에 손목이 쓸리다 보니 이런저런 흉터가 남았다. 그나마 다행인 점은 초보자 시절에는 벽 올라갈 때 팔꿈치를 쓰다 보니 팔꿈치에도 상처가 났는데, 근력이 좋아지고 벽에 올라가는 기술을 잘하게 되면서 팔꿈치에는 더 이상 상처가 나지 않았다.

오른쪽 손목

허리 높이 돌담을 캣 패스(Cat Pass)*로 넘어가려다가 바닥에

★ 양팔 사이로 다리를 통과시키는 기술.

튀어나온 돌부리에 걸려 앞으로 고꾸라졌는데, 얼굴이 부딪히기 전에 손으로 바닥을 짚었다. 충격이 상당해서 손목 인대가 늘어났다. 완전 회복까지 10개월 걸렸다.

오른쪽 팔꿈치

타이 방콕으로 스승 스테판 비그로를 만나러 갔을 때, 타이 파쿠르 친구들과 목적지까지 빠르게 이동하는 스피드 코스 시합을 하다가 물웅덩이가 있는 철판 장애물에 발을 헛디뎌 앞으로 고꾸라져 떨어졌다. 낙법을 시도했지만 거의 2층 높이에서 떨어지니 팔꿈치에 충격이 상당히 많이 갔다. 인대가 늘어나 회복까지 약 1년 걸렸다.

왼쪽 팔꿈치

파쿠르에는 무거운 것을 들어올리는 동작이 없다 보니, 이두근보다는 삼두근이 발달하고 전완근 불균형으로 내측상과염(손목을 구부릴 때 쓰는 팔꿈치 근육 염증)이 종종 나타난다. 특히 벽에서 클라임업, 철봉 머슬업 동작을 무리하게 반복하다가 내측상과염 증상이 나타나 10개월 가까이 고생했다. 이 기간에 당기기 훈련과 클라임업 수련을 하지 못해서 상체 근력이 약해졌다.

왼쪽 발목

점프를 하도 많이 하니 왼쪽 발목에 뼈가 자라 뼈끼리 부딪치는 충돌증후군이 생겼다. 충돌이 생길 때마다 염증이 생겨 붓기와 통증이 있었다. 재활과 상체 움직임 중심으로 약 10개월을 보내니 완치됐다. 다만 후유증으로 발목 관절 돌리기를 할 때 뚝뚝 소리가 난다.

무릎

열일곱 살부터 파쿠르를 매일 한 무릎, 삼십 대에 들어서니 계단을 오르내릴 때 시큰거림이 생겼다. 이 느낌은 체온이 오르고 충분한 준비운동을 거치면 완전히 사라지는데, MRI를 하니 잦은 점프로 연골이 닳았단다. 이 나이가 되도록 통증 없이 파쿠르를 할 수 있는 것은 강력한 결합조직(근육, 인대, 힘줄) 덕분이라고 한다.

오른발 뒤꿈치

오른발 뒤꿈치에는 왼쪽보다 혹처럼 튀어나온 뼈가 있다. 때는 2016년 국립현대무용단 공연 직전 마지막 리허설이었다. 첫 등장이 5m 높이의 음향기기 타워에서 무대 바닥으로 점프 낙법하는 안무였다. 리허설을 본공연보다 잘해야 본공연을 쉽게 할 수 있다는 생각에 5m 높이에서 조절해야 할 점프를 욕심내서 더 멀리 뛰었다. 충격은 상당했다. 착지를 제대로 했는데도 오른발 뒤꿈치가 지면에 닿아 낙법하고 말았다. 뒤꿈치가 찌릿했고, 몇 분이 지나자 심하게 통통 부어올랐다. 걸음을 디딜 때마다 통증이 느껴졌다. 30분 뒤 본공연이 시작될 예정이었다. 파스를 붙이고 진통제를 먹고 국립현대무용단 마사지사에게 마사지를 받는 게 최선이었다. 공연은 성공적이었지만, 뒤꿈치 타박상은 족저근막염으로 번져 회복까지 10개월이 걸렸다

이 부상은 나를 많이 변화시켰다. 파쿠르를 하는 이유는 세계적인 파쿠르 선수가 되고 싶어서가 아니라, 오랫동안 파쿠르를 즐기고 건강한 움직임을 영위하기 위해서다. 그런데 공연이나 촬영 현장에 나가 몸을 쓰는 일은 몸을 위한 일이 아니라 몸을 소모시키는 일임을 알게 됐다.

파쿠르는
완전하지 않다

매년 크리스마스부터 1월 첫 주까지 골방에 들어가 스스로를 고립시킨다. 심지어 좋아하는 파쿠르도 거리를 둔다.

집에만 있으면 온갖 욕망과 잡념이 솟구친다. 그중에서도 가장 강력한 욕망은 존재 욕망이다. 존재 욕망은 자신의 정체성을 밝히고 싶어 하는 욕망이다. 이 욕망이 충족되지 않을 때 전형적으로 나타나는 현상은 허무함과 무기력이다. 소란스러운 도시의 소음, 바삐 돌아가는 일상, 정신없이 만나 온 사람들을 정리하고 골방에 틀어박혔을 때 숨은 허무가 몸을 일으켜 세운다. 그러고는 이렇게 말한다. '네가 아무리 발버둥 쳐도 나에게서 도망칠 수 없어. 본래 너 혼자만으로는 어떤 의미와 가치도 생성할 수 없지. 인간의 삶은 본래 무의미해. 사람들은 불안하니까 허무함을 숨기고, 자신을 속이며 살지.'

허무함은 나를 시험한다. 스스로 무의미한 세계에 던져 넣은 만큼이나 그 반대급부로 존재 욕망이 켜켜이 쌓인다. 흐르지 않는 시간 속에서 '나'라고 착각해 온 것들이 지워져 간다. 결국 '나'는 없다.

창문을 열고 찬바람을 들이켠다. 폐부까지 깊이 찔러 오는 찬 공기가 살아 있음을 느끼게 한다. 신발을 신고 세상을 향한 첫걸음을 내디딘다. 아무것도 변한 것이 없는 동네에서 목적 없이 발걸음을 옮긴다. 하얀 발자국이 남아 있는 놀이터에서 손으로 차디찬 난간을 잡는다. 뇌리에 장애물과 춤추는 즐거운 상상이 시작된다. 어느새 힘센 발을 움직여 난간 사이를 오르고 뒤집고 뛰어넘는다. 얼얼한 손바닥은 동시에 뜨거워진다. 거친 호흡에 흰 입김이 새어 나온다. 뛰는 심장만큼 감각은 또렷하다. 멀리서 구경하던 어린이가 다가와 저만치서 동작을 따라한다. 표정이 살아난다. 아이가 다가와 말을 건다.

"다른 것도 보여 주세요."

파쿠르를 사랑하는 나는 파쿠르를 사랑하는 사람들 없이는 존재할 수 없다. 파쿠르를 세상에 널리 전파하고 지도하는 것을 업으로 삼은 이유다. 산속에 들어가 혼자서 파쿠르하는 것보다 도시에서 사람들과 부대끼며 파쿠르할 때 공허의 구름이 걷히고 어떤 의미가 생성된다.

한때, 아무도 없는 도시에서 혼자서만 파쿠르하는 상상을 자주 했다. 텅 비어 있기에 무엇이든지 자유롭게 할 수 있는 공간. 더 이상 타인의 눈치를 볼 것도 없고, 무언가 끊임없이 해야만 하는 삶의 무게 없이 오롯이 자유롭게 장애물을 뛰어 넘는 세상을 꿈꿨다. 하지만 파쿠르 동료들을 만나면서 텅 빈 도시에 대한 상상은 자연스레 잊었다. 혼자가 아닌, 함께 연습할 때 미소보다 더 큰 함박웃음을 띠며 움직이는 나를 발견했다. 보고, 듣고, 만지는 모든 존재하는 것은 서로가 서로를 살게 할 때만 드러난다는 사실을 알았다.

파쿠르는 아직 완전하지 않다. 완전하지 않다는 말은 채워야 할 것들이 많다는 뜻이다. 파쿠르는 중복되는 것들이 아닌, 서로 다른 것들이 모여야 비로소 채워질 수 있다. 즉, 파쿠르가 완전해지려면 다양성이 필요하다. 다양성은 온전한 개인이 모여야 가능하다. 온전함은 자기 자신이 아닌 것을 덜어내고 덜어내서 더 이상 덜어낼 것이 없는, 방법이나 태도가 한결같은 정체성만이 남은 상태다. 개인들이 모였을 때 다양성이 채워지고 파쿠르는 완전해진다. 더 많은 사람들이 파쿠르의 매력을 알고 연습해 파쿠르의 완전함을 드러내면 좋겠다.

2 파쿠르라는 세계

파쿠르를
왜 하나요

길거리에서 파쿠르를 하다 보면 지나가는 사람들에게 "파쿠르를 왜 하나요?"라는 질문을 가끔 받는다. 대체로 "그냥 좋아서요"라고 가볍게 넘기지만, 속으로 되묻는다. '당신은 언제 파쿠르를 그만두었나요?'

어린 시절을 떠올려 보자. 혹은 주변의 아이들을 관찰해 보자. 똑같은 코스로 걷는 아이들은 없다. 직진하면 빠른 길을 지그재그로 뛰어다닌다. 앞서가는 사람이 있으면, 기다리지 않고 사람과 사람 사이에 끼어들어 요리조리 피한다. 걸어야 하는 곳에서 뛰고, 뛰어야 하는 곳에서 점프한다. 담장 위를 걸으면서 환호하고, 놀이터에서는 가장 높은 곳을 향해 거침없이 올라간다. 고정관념 없이 지형지물을 가지고 자유롭게 노는 모습, 파쿠르 본연의 모습이다. 단지 나이가 들면서 상상력을 잃고 움직임을 멈췄을 뿐이다.

'자유'는 욕망을 마음대로 내뿜는 것이 아니라 스스로 즐길

줄 아는 능력이다. 그런 의미에서 트레이서가 "파쿠르는 자유롭다"라고 외치는 이유는 자신의 껍데기가 벗겨지는 것을 경험하기 때문이다. 그렇게 속살이 드러난 자신은 어느새 미소 짓고 있다. 즐거움을 알게 된다. 파쿠르의 역사를 말할 때 파쿠르의 시작점을 규정하기 힘든 이유다.

파쿠르는 인간의 보편적인 움직임 활동이다. 걷고, 뛰고, 달리고, 매달리고, 균형 잡고, 올라가는 일련의 움직임이다. 특별한 교육을 받지 않아도 누구나 자연스럽게 지형지물에 따라 반응한다. 시대적 상황과 목적에 따라 이름과 형태가 달라졌을 뿐이다. 따라서 파쿠르를 스포츠인지, 예술인지, 무술인지, 놀이인지, 체육인지 분류하는 것은 사실상 불가능에 가깝다. 분류한다고 하더라도 파쿠르의 정체성을 하나의 관점으로 제한하게 된다. 파쿠르를 정의하기 어렵기 때문에 파쿠르의 명칭은 움직임의 예술(L'art du Déplacement), 파쿠르(Parkour), 프리러닝(Freerunning) 등 다양했다.

어쩌면 파쿠르가 무엇이냐는 본질에 대한 답을 찾는 것은 무의미할지도 모른다. 오늘날 우리가 어떤 현상을 인식할 때 '이것이 파쿠르다'라고 인지하는 건 다른 어떤 것과는 구분되는 고유한 정체성, 즉 파쿠르만의 본질이 존재하기 때문이 아니다. 파쿠르는 벽, 난간, 벤치 등 사물과 몸이 만나서 상호작용할 때 일시적으로 나타났다가 사라지기를 반복하는 움직임의 변주곡이다.

파쿠르에는
어떤 움직임이
있을까

파쿠르는 장애물을 효과적으로 극복하는 데 필요한 움직임, 즉 '달리기, 뛰어넘기, 매달리기, 통과하기, 올라가기, 기어가기, 균형잡기, 구르기'를 바탕으로 수백 가지 기술이 파생된다. 인간의 움직임은 인위적으로 학습하지 않아도 지형지물과 상호작용하다 보면 자기 조직화를 거쳐 창발한다. 어린 시절 놀이터에서 친구들과 함께 뛰놀던 기억들을 되살려 보자. 특별한 체육 프로그램, 교사가 없어도 주변 지형지물과 상호작용하면서 움직였다는 것을 알 수 있다. 파쿠르는 바로 이 지점에서 출발해 지식과 이론으로 구체화된 움직임 연습 체계다.

따라서 파쿠르 수련의 의미는 우리에게 가장 익숙한 도시와 사물을 낯선 시선으로 바라봄으로써 구조의 지배를 받는 몸을 알아차리고, 능동적으로 사물과 상호작용해 언제 어디서나 원하는 곳으로 이동하고 움직일 수 있는 자립심

(Movement Literacy)을 기르는 것이다. 이를 통해 도시의 제약으로부터 자유를 얻고 자신의 주체적인 삶을 꽃피울 수 있다.

파쿠르는 장애물을 극복할 때 마주하는 문제를 안전하고 효과적으로 해결하기 위한 환경 적응의 원리에 기초한 움직임 수련이다. 파쿠르는 프리시전 점프처럼 낱개의 기술들이 모여 움직임의 '패밀리 그룹(family groups)'*을 형성한다. 어떤 기술 혹은 움직임이든 기본적인 목적은 몸의 부상과 사고 없이 장애물을 효율적으로 극복하는 것이다. 따라서 파쿠르에서는 특정 기술이나 어려운 동작을 하는 것보다 안전하고 부드럽게 움직이는 것이 더 중요하다.

명심해야 할 것은 파쿠르 기술은 특정 장애물을 극복하기 위한 수단일 뿐이라는 점이다. 그 기술을 해냈다고 끝이 아니다. 여러 환경과 상황에 적용해 문제를 해결할 수 있어야 하고, 획일적인 기술 자체에 머무르기보다는 끊임없이 변화하는 움직임(Movement)의 세계로 나아가야 한다.

파쿠르는 이미 개념이 정해진 수련, 기술을 위한 수련이 아

---

* 낱개의 기술들을 공통된 속성으로 분류하고 하나의 범주로 묶는 것을 말한다. 파쿠르는 다음 여덟 가지 패밀리 그룹으로 구성된다. 점핑(Jumping), 볼팅(Vaulting), 클라이밍(Climbing), 밸런싱(Balancing), 롤링(Rolling), 스윙잉(Swinging), 크롤링(Crawling), 아크로바틱(Acrobatics).

니라, 모든 것을 포괄하는 움직임 그 자체의 수련이기에 기술이 한계 없이 성장한다. 이 힘을 바탕으로 파쿠르의 기초 이동 기술뿐만 아니라, 다른 분야(카포에라, 현대무용, 기계체조, 마샬아츠 트릭킹, 암벽 등반 등)에서 영감을 받아 새로운 기술이 무궁무진하게 탄생하고 있다.

파쿠르는
누가 만들었을까

파쿠르는 1980년대 말, 프랑스 파리 인근 교외 에브리(Évry)와 사르셀레스(Sarcelles)에서 아홉 명의 소년들이 시작했다. 이들 대부분은 지금도 꾸준히 파쿠르를 연습하고 가르친다. 파쿠르 창시자이자, 수련자 · 지도자 · 영화배우가 된 이들의 이름을 기억하자. 데이비드 벨, 세바스티앙 푸캉(Sébastien Foucan), 차우 벨 딘(Châu Belle Dinh), 윌리엄스 벨(Williams Belle), 말릭 디우프(Malik Diouf), 얀 노트라(Yann Hnautra), 로랭 피에몬테시(Laurent piemontesi), 갈레인 엔구바 보엑(Guylain N'Guba Boyek), 샤를 페리에르(Charles Perrière).

파쿠르의 시작을 알려면, 아홉 명의 소년이 살았던 당시 프랑스의 시대 상황을 먼저 알아야 한다. 1980년대 말, 프랑스는 이민자들이 대거 유입되었고, 파리 주변에 이민자들을 위한 위성도시가 생겼다. 에브리 역시 그때 만들어진 신도시다.

이슬람교도, 힌두교도, 흑인, 아시아인 등 다양한 종교, 인종, 배경을 가진 이민자가 살았다. 다양한 이민자가 살다 보니 사회적 갈등과 충돌이 잦았다. 길거리 싸움, 공공 기물 파손, 방화, 도시형 빈곤 문제, 범죄가 끊이지 않았고, 이러한 환경 속에서 청소년들은 강한 사람만 살아남을 수 있다는 생각이 강했다. 자신뿐 아니라 가족, 친구, 이웃을 지키고자 했다.

이들은 돈이 없었기 때문에 무술 도장이나 체육관에 갈 수 없었고, 길거리에서 강해지는 방법을 찾아야 했다. 아직 '파쿠르'라는 이름이 없고, 오늘날 우리가 유튜브에서 볼 수 있는 구체적인 기술이나 움직임도 없던 그 시절. 모든 것의 시작은 생존을 위한 단 하나의 아이디어에서 출발했다. '강해져라(To be strong).'

강해지기 위해 아홉 명의 소년은 자신의 한계를 뛰어넘으려했다. 신체뿐 아니라 정신적으로 극한 상황에 도전했다. 내가 저 개울을 뛰어넘을 수 있을까? 여기서 에펠탑이 있는 파리까지 쉬지 않고 달려갈 수 있을까? 저 아파트를 아무 장비 없이 맨손 맨몸으로 올라갈 수 있을까? 24시간 동안 쉬지 않고 팔굽혀펴기를 몇 개나 할 수 있을까? 지금 2.5m 높이에서 1,000번 뛰어내릴 수 있을까?

매우 힘들고 엄격한 훈련 모습을 상상하기 쉽지만, 모든 것은 어린 시절 친구들 사이에서 자연스럽게 일어나는 모험적인 놀이에서 시작되었다. 그들은 도전 과정에서 경험하는 지속되는 실패와 시행착오를 겪으며 인간의 한계를 초월한 육체와 정신을 단련할 수 있었고, 오늘날 파쿠르의 모태가 되는 근본적인 움직임들을 탄생시킬 수 있었다.

이들이 성인으로 성장해 파쿠르를 창시하는 과정에서 가장 많은 영향을 준 사람은 이들의 친인척과 가족이다. 데이비드 벨은 아버지 레이몽 벨의 영향을 받았다. 레이몽 벨은 프랑스의 전설적인 엘리트 소방관이자 군인이었다. 그는 베트남인 어머니와 프랑스인 아버지 사이에서 태어났으나, 전쟁으로 고아가 되는 바람에 소년병으로 징집돼 베트남에 있는 프랑스 군에 들어가 군사 교육과 훈련을 받았다. 군 복무를 마치고 프랑스로 송환된 후에는 프랑스 엘리트 소방연대 팀에 들어간다.

레이몽을 대중적으로 유명하게 만든 사건이 있다. 그는 프랑스 소방 역사상 최초로 헬리콥터 구조 임무에 투입돼, 헬리콥터에 매달려 약 91m 높이에 있는 파리의 노트르담 대성당의 깃대에 달린 베트남 국기를 회수했다. 그 뒤 그는 매우 위험하고 어려운 구조 활동을 성공하면서 많은 명예훈장과 메달을 받았다. 그의 영웅적인 행보와 용기, 희생 정신, 이타주의는 당시 프랑스 젊은이들 사이에 큰 화제가 되었다.

레이몽 벨은 자신만의 독특한 수련 체계인 'Le Parcours'(길, 코스, 여정, 道)를 만들고 이를 자신의 아들 데이비드 벨과 친구들에게 전수했다. 어린 시절 군사학교에서 배우고 육군 소방대에서 터득한 조지 에베르(Georges Hébert)의 자연훈련법(la méthode naturelle)에 바탕을 둔 것이었다.

조지 에베르는 프랑스 해군 장교이자 체육 교수 및 학자로서 갑판 생활하는 선원과 해군이 체력 저하로 고통받자, 이 문제를 해결하고자 아프리카 원주민의 생활양식을 관찰했다. 원주민들은 체육 교사, 체육관, 프로그램이 없는데도 먼거리로 창을 던지고, 나무를 타고, 절벽을 오르고, 개울가를 뛰어넘는 등 놀라운 신체 능력을 발휘했다. 조지 에베르는 여기서 영감을 얻어 달리기, 구르기, 매달리기, 균형잡기, 들어 올리기, 던지기, 수영, 자기방어 등 맨손·맨몸 운동으로 전신 발달을 꾀하는 체력 프로그램과 장애물 코스를 완성했다.

조지 에베르는 자연훈련법의 철학과 정신적 가치도 완성하는데, 훗날 파쿠르의 세계관에 큰 영향을 미쳤다. 1902년, 프랑스령 마르티니크 섬에서 큰 화산이 폭발해 많은 인명피해가 발생했고, 조지 에베르를 비롯한 해군은 인명 구조 활동에 파견된다. 그 과정에서 조지 에베르는 너도나도 살기 위해

서로 밀치고 배를 빼앗고 생존 경쟁을 벌이는 한편에, 아버지가 딸을 위해, 어머니가 아들을 위해 희생하고 타인을 위해 기꺼이 자신을 양보하는 이타주의적인 주민들의 모습을 보았다. 결과적으로 화산 폭발의 재난 상황에서 이타심과 협력을 실천한 무리가 더 많이 생존했다.

이때 그는 극한의 위험 상황에서는 경쟁보다 공감, 상호연대, 협력, 상생하는 이타심이야말로 위기를 극복할 핵심 가치라는 것을 깨닫는다. 그리고 그 이타심은 대단한 용기와 정신적·신체적 강인함이 필요하다는 사실을 알았고, 다음과 같은 좌우명을 정하게 된다. '유용해지기 위해 강해져라(Be strong to be useful).'

강인함은 확고한 실천을 통해 얻을 수 있는데, 다방면으로 강인해지기 위해서는 어렵거나 위험한 운동이 필요하다. 예를 들면 떨어지기, 뛰어오르기, 떠오르기, 가파른 곳으로 내려가기, 불안정한 곳에서 걷기 등에서 두려움을 제어하는 것이다.[*]

이는 자연훈련법의 핵심 가치로서 나중에 파쿠르의 경쟁

[*] Georges Hebert, 《L'education physique raisonee》, Vuibert, 1905.

반대(Against-Competition) 철학**으로 계승된다.

아홉 명의 청소년이 조지 에베르의 자연훈련법을 계승한 레이몽 벨을 만난 것은 철학적으로 매우 중요한 순간이다. 개인의 경험과 자기중심적인 '강해져라(To be strong)'에서 확장해, '어떻게 강해져야 하는가?' 라는 질문에 답을 찾은 것이다. '유용해지기 위해 강해져라'는 개인의 생존뿐 아니라 공동체, 사회, 세상과 연결되는 언어로 확장된다.

이외에도 1980~1990년대 청소년들에게 정신적으로 많은 영향을 준 것은 건물과 장애물을 자유롭게 뛰어넘는 성룡의 액션 영화, 마블 및 DC코믹스의 스파이더맨과 배트맨 같은 히어로들, 애니메이션 〈드래곤볼〉이다. 실제로 아홉 명의 창시자는 청소년기에 파쿠르 수련을 통해서 불의에 맞서고 타인을 돕는 도심 속 영웅을 꿈꾸었다.

또 뉴칼레도니아 출신의 얀 노트라의 가족은 전통적으로 군인을 배출한 집안으로, 엄격한 군대 훈련을 파쿠르에 가져왔다. 세바스티앙 푸캉의 친형은 올림픽 육상 국가대표 선수

** 움직임의 자유를 추구하는 파쿠르는 성장의 밑거름으로 폭력적인 경쟁 대신 나와 타자 사이의 상호 신뢰와 협력을 중요시한다. 경쟁하려면 비교할 기준이 필요하고, 기준을 세우면 자유가 제한되기 때문이다. 무엇보다도 창시자들은 경쟁을 통한 가치의 평가보다 살아 움직이는 존재 스스로 즐거움과 행복, 세상과 연결을 감각하는 것이 먼저라 보았다. (참고: '이타주의와 경쟁 반대'. https://blog.naver.com/kimjiho9023/221318055054)

였으며, 그는 형의 영향을 받아 육상 기술과 달리기 주법, 스포츠 트레이닝, 코칭법을 파쿠르에 가져왔다.

1997년, 아홉 명의 청소년은 '야마카시(Yamakasi)'라는 팀을 결성한다. 팀 이름을 정하는 데 구성원의 고민이 많았다. 그 이유는 아홉 명 모두 인종, 배경, 문화가 다르기 때문에 함께할 언어를 찾아야 했기 때문이다.

콩고 출신 갈레인 엔구바 보엑이 팀 이름으로 야마카시를 처음 제안했다. 콩고 링갈라어로 강인한 영혼, 강인한 육체, 초인을 뜻하고, 링갈라 부족이 전쟁터에서 전투 시작 전에 외치는 구호였다. 아홉 명 모두 '강해지기 위해' 모인 만큼 이견 없이 동의했다.

야마카시 팀은 2001년, 뤽 베송 감독의 눈에 들어 영화 〈야마카시〉로 세상에 널리 알려졌다. 이렇게 모험 놀이, 육상 기술, 자연훈련법, 군사훈련 등의 육체적인 요소와 그 시대의 대중문화, 가치관, 사회문제 등이 뒤섞여 파쿠르는 점차 구체적인 형태를 갖추기 시작했다. 그때까지만 해도 야마카시 팀은 있었지만, 야마카시 팀의 움직임을 정의하는 단어는 없었다.

오늘날 우리가 아는 파쿠르라는 이름이 생기기 전에 도시 장애물과 상호작용하는 움직임을 가리키는 최초의 명칭은 '움직임의 예술(L'art du Déplacement)'이었다. '이동(Déplacement)'은 인간이 한 지점에서 다른 지점으로 가는데 필요한 자연스러운 움직임, 기술, 신체 같은 '형태'를 뜻하고, '예술(L'art)'은 형태를 낳는 철학과 마음가짐 등 '정신'을 뜻한다.

시간이 흐른 뒤 데이비드 벨은 아버지 레이몽 벨의 유산을 바탕으로 한 자신만의 고유한 움직임 스타일과 철학을 더욱 드러내고, 영화배우의 꿈을 실현하기 위해 불어 일반명사로 길, 코스, 여정이라는 뜻을 지닌 Parcours에서 'c'를 'k'로 대체하고 묵음 's'를 삭제해 'Parkour'라는 명칭을 만들었다.

아버지의 영향으로 파쿠르란 그에게 어려운 상황에 부닥친 누군가를 돕거나, 위급한 상황에서 탈출 혹은 추적하는 실용적인 이동 기술이었다. 그의 생각은 파쿠르에 대한 정의에서도 살펴볼 수 있다. 그는 파쿠르를 '출발 지점 A에서 목적지 B까지 가장 빠르고 효율적으로 움직이는 이동 기술'이라 정의했다. 2004년 개봉한 영화 〈13구역〉은 데이비드 벨이 세계적인 배우이자 '파쿠르'라는 명칭을 널리 알리는 계기가 되었다.

파쿠르는 어디서나 가능하다

파쿠르는 세상에서 가장 돈이 들지 않는 운동이다. 자본주의와 가장 거리가 먼 운동이지만, 파쿠르를 시작하기 어려운 이유는 장소의 제약 때문이다. 나 또한 파쿠르를 시작할 때 마땅한 장소가 보이지 않아 시작할 엄두를 못 내다가, 주말 동호회 모임을 통해 어느 정도 활용할 수 있는 장소와 장애물에 대한 감각을 익혔다.

사람들의 시선도 파쿠르를 하기 어렵게 만드는 요인 중 하나다. 함께 파쿠르를 시작할 동료가 있다면 더할 나위 없이 좋겠지만, 대부분 혼자서 행인들의 시선을 감내해야 한다. 따라서 파쿠르를 연습할 장소를 찾는 데 가장 1순위는 시선이 불편하지 않거나 사람이 없는 곳을 찾는 것이다.

도시 공간에는 다양한 기능과 역할이 정해진 구역들이 있다. 대학교, 관공서, 사유지, 공유지, 공원, 학교, 상업 공간, 인도, 차도 등 구역과 구역 사이의 모호한 지점, 혹은 이름 없는 경계가 파쿠르 연습하기 좋은 공간이다. 사람들의 시선이 흩어지는 곳이기 때문이다.

나는 혼자서 파쿠르 연습하기 좋은 장소와 파쿠르 모임하기 좋은 장소를 구분하는 편이다. 전자의 경우, 영화에 나오는 것처럼 장애물 사이가 멀거나 높은 곳을 찾기보다는 평소 동네에서 흔히 볼 수 있는 사물들을 활용한다. 주차장 방지턱에서 프리시전 점프와 발배치(Foot-plaement)★ 훈련을 할 수 있고, 놀이터 난간에서 균형잡기와 언더바★★ 연습을 할 수 있다. 또한 아파트 공유지와 녹지에는 간단히 매달릴 수 있는 낮은 벽, 움직임의 흐름을 연습할 수 있는 벤치와 테이블이 있다. 이런 사물들은 너무 흔하기 때문에 파쿠르 경험이 부족할수록 무심코 지나치거나 눈여겨보지 않는다.

영화나 미디어 속 웅장한 파쿠르 장소를 찾겠다는 욕심을 내려놓고, 자신의 일상에서 스쳐 지나갔던 소소한 사물들을 노력을 기울여 관찰해야 비로소 눈에 보인다. 무엇보다도 자

★ 발배치 훈련은 발의 민첩성, 정확성, 협응력 등 종합적인 신체 능력이 필요한 장애물 코스 연습이다. 대표적으로 장애물과 장애물 사이에 딛는 발의 횟수를 줄이거나 복잡도를 높이는 방식이 있다.

★★ 난간이나 철봉 구조물 사이로 몸을 통과시키는 기술. 영화 〈13구역〉에서 레이토가 추적자들로부터 도망칠 때 좁은 문틈으로 몸을 통과시키는 장면이 가장 대표적이다. (참고: 360언더바, 파쿠르 기술. https://www.youtube.com/watch?v=ItvHGdh8v5E)

신이 할 수 있는 움직임이 다양해질수록 장소를 보는 상상력과 활용도가 풍부해진다. 단적인 예로 이동 기술만 연습하는 스피드 코스 선수보다 공중기와 각종 아크로바틱을 할 수 있는 프리스타일 선수가 장소의 구애를 덜 받는다. 좋은 장소의 기준은 몇 가지로 요약할 수 있다.

- 경비나 관리자의 제재를 받지 않는 곳.
- 행인이 적고 조용한 곳.
- 장애물이 견고하고 접지력이 좋아 미끄러지지 않는 곳.
- 점프, 뛰어넘기, 균형잡기, 올라가기, 매달리기, 구르기 등 다양한 움직임을 연습하고 응용할 수 있는 곳.
- 대중교통을 이용할 수 있고, 지하철 역에서 도보로 이동할 수 있는 곳.
- 천장이 있어 비가 와도 연습할 수 있는 곳.
- 장소와 장소 사이가 멀지 않고 밀집된 곳.

위 기준을 충족하는 장소는 대체로 대학교와 공원이다. 서울의 웬만한 대학교들은 교정 안에 좋은 파쿠르 장소가 많다.

첫걸음은 내가 사는 동네 길거리면 충분하다. 모양을 살피고, 만져 보고, 걸어 보고, 뛰어 보면 그것이 파쿠르다. 파쿠르가 탄생한 최초의 생각은 '어떻게 하면 내 힘으로 저곳에 갈 수 있을까?'였다.

안전이라는
말의 위험성

"안전이란 미신이다. 안전은 사실 존재하지 않
는다. 인생은 대담한 모험이거나 아무것도 아니다."[*]

현실의 위험을 '데인저(danger)'와 '리스크(risk)'로 구분한
다. 데인저는 인간이 통제할 수 없는 천재지변, 통제가 불가
능한 위험의 영역이다. 리스크는 반대로 인간이 통제할 수 있
고 예측할 수 있는 영역이다. 예를 들어 암벽등반은 떨어질
것을 대비해서 하네스와 로프를 활용한다. 그래서 인간이 통
제하는 위험(risk)이 된다. 이렇게 예측할 수 있는 위험을 통
제하는 것을 '리스크 테이킹(위험 감수)'이라고 부른다. 많은
사람이 파쿠르를 생명을 내던지는 익스트림 스포츠로 오해하
지만, 파쿠르는 인간이 예측하고 관리할 수 있는 위험 감수 훈

[*] Helen Keller(헬렌 켈러), 《The Open Door》, Doubleday, 1957.

련이다.

왜 교육에서 위험 감수가 중요할까? 우리가 안전 혹은 평화라 부르는 것은 리스크라는 수용 가능한 위험의 영역 안에서만 느낄 수 있다. 안전하다고 느끼는 것은 그만큼 익숙한 것이다. 반대로 데인저 영역에는 익숙하지 않은 것, 모르는 것, 모호한 것, 알 수 없는 것이 있다.

위험 감수 교육은 점점 자신이 감수할 수 있는 위험의 영역을 확장하고, 실제 위험(danger)한 상황에 직면했을 때 극복할 생존 능력을 기르는 것이다. 반대로 위험의 가치를 부정하고 위험(risk)을 제거하는 환경과 교육은 사람을 온실 속 화초처럼 만든다. 실제 위험(danger)이 왔을 때 아무것도 할 수 없다. 안전이라는 상상 속 관념에 갇혀 위험을 피하면, 더 큰 위험이 찾아온다.

파쿠르 코치들은 부드럽고 매트리스가 많은 '안전한' 환경이 있는지 확인한 후 파쿠르에 참여하려는 사람들(공무원, 학부모 등)을 자주 만난다. 아이러니하게도 안전 장치가 많은 환경은 부상을 입기 쉽다. 특히 운동을 새로 시작하는 사람이 매트, 발판, 스펀지로 가득 찬 환경에서 훈련한다면, 자연스럽게 '이곳은 안전하기 때문에 아무것이나 시도해도 된다'라고 생각한다. 뇌의 위험 감지 시스템을 사용하지 않게 된다.

사고와 부상을 방지하기 위해 중요한 요소는 스스로 할 수 있는 것이 무엇이고 특정 상황에서 요구되는 것이 무엇인지, 그리고 그 상황에서 주어진 위험을 감당할 수 있는지 아는 것이다.

어떻게
연습할까

         그렇다면 매트리스 없이 어떻게 새로운 기술에 도전할 수 있을까? 데인저로 가득한 야외 환경에서 어떻게 자기 수준에 맞는 적절한 리스크를 감수할 수 있을까?

    첫째, 장기적인 실천을 일시적인 성취보다 우선해야 한다. 현대인의 흔한 고정관념은 어떤 성취를 일구려면 반드시 수많은 실패를 거쳐야 한다는 것이다. 그래서 몸이 아프고 관절이 상하면서까지 원하는 목표를 성취하려 한다. 아프면서 훈련하는 습관을 멈춰야 한다. 파쿠르의 자유로운 움직임의 세계를 경험하기도 전에 운동 수명은 끝나고 만다. 1년보다 5년, 5년보다 10년, 10년보다 평생을 고려해서 파쿠르 수련에 임해야 다른 사람, 다른 조건이 아닌 자기다운 파쿠르를 연습할 수 있다.

    둘째, 성공하는 연습을 습관으로 만들어야 한다. 입문자가 자주 범하는 실수는 처음부터 연습 동작의 난도를 높여서 시도하는 것이다. 그 이유는 해당 동작과 기술의 단계별 연습 방법 및 과정을 모르기 때문이고, 해당 동작과 기술을 해내고 싶은 욕심 때문이다.

다치지 않더라도, 움직임 패턴에 대한 인식이 부족한 상태에서 반복되는 실패는 뇌에서 실패 동작을 학습하면서 더 큰 문제로 이어진다. 실패 동작을 뇌에서 연합 단계, 자동화 단계(쉽게 말해서 '습관')로 인지하면 동작을 수정하기까지 더 많은 힘과 시간을 투입해야 한다. 장기적인 실패 동작 수행은 만성 부상의 원인이자 성장을 가로막는 걸림돌이다. 따라서, 할 수 있는 움직임에서부터 출발하는 '의식적 연습 (Deliberate Practice)'이 필요하다.

심리학자 안데르스 에릭슨(K. Anders Ericsson)은 모든 분야의 전문가들은 수 년에 걸쳐 수많은 시간을 연습해서 뛰어난 신체적·지적 능력을 얻었다는 것을 발견했다. 하지만 대중적인 관심을 얻은 것은 연습의 양이었다. 그렇게 "1만 시간의 법칙"이라는 말이 유행처럼 번졌다. 하지만 실제 에릭슨 박사가 강조하고자 한 것은 연습의 질이다. "의식적 연습"은 매우 수준이 높은 양질의 연습을 강조하기 위해 엔더슨 박사가 만든 표현이다. 신중한 연습은 다음과 같은 요소로 구성된다.

❶ 구체적이고 적절한 훈련 목표.

❷ 자기 자신에게 몰입할 수 있는 환경.

❸ 평가와 지적 대신 코치 혹은 스스로의 관찰 중심 피드백.

❹ 피드백을 기꺼이 수용하려는 태도.

착지부터
생각하라

피트니스 전문가, 물리치료사, 스포츠 과학자, 일반 대중이 많이 하는 질문이 있다. '트레이서들은 어떻게 그렇게 높은 곳에서 뛰어내려도 다치지 않는가?'

몸을 근육과 뼈로만 구분해 생각하는지, 몸을 결합조직 전체로 보는지의 차이에서 나오는 질문이다. 착지할 때 우리 몸은 결합조직 전체로 충격을 흡수하고 분산해 부상 없이 충격량을 제어할 수 있다. 무엇보다도 착지할 때 발생하는 반동과 탄성을 활용해 다음 움직임으로 연결할 수 있다. 파쿠르는 지면 반발력, 마찰력, 각속도 등 물리적인 힘을 자유롭게 활용해서 신체를 단련하고 움직임 숙련도를 높인다. 예를 들어 알맞은 타이밍에 낙법을 활용해서 수직 낙하 에너지를 수평 에너지로 전환하고, 남은 수평 에너지를 다른 장애물을 넘거나 움직임을 연결하는 데 활용한다.

처음 파쿠르를 시작했을 때가 생각난다. 그때는 도약만 해내면 장애물을 정복한 것이라 착각했다. 도약하고 공중에 뜬 순간에 착지를 어떻게 해야 할지 몰라 갈팡질팡하다가 떨어져 다친 뒤에야, 눈앞에 도약만 생각하지 말고 착지도 신경 써야 한다는 것을 알게 됐다. 누군가 도약만을 생각한다면 이렇게 말해 주고 싶다. "착지도 고려하셨죠?"

유튜브, 페이스북 등 SNS에서 손쉽게 찾을 수 있는 파쿠르 영상들을 보면, 파쿠르 고수가 도심 속 장애물을 자유롭게 누빈다. 특히 인간의 한계를 초월한 듯한 고공 점프와 착지는 와이어 액션이 아닌가 싶을 정도로 비현실적이다. 그러나 초인적인 퍼포먼스가 가능한 이유는 그만큼 우수한 착지 기술을 바탕에 두기 때문이다. 일반인에게도 파쿠르 착지 기술은 안전을 위해서 필수적으로 알아야 할 생활 기술이다. 계단을 오르내리거나 등산할 때, 농구 및 축구 등 스포츠 활동할 때, 높은 곳에서 뛰어내려야 할 상황 등 일상생활에서 매우 유용하다.

높은 곳에서 쉽게 뛰어내리는 경지에 도달하려면 엄청난 양의 지속적인 훈련이 필요하다. 자신의 키보다 높은 곳에서 떨어질 때 관절과 결합조직은 막대한 충격을 받는다. 몇 달 또는 몇 년 동안 제대로 훈련하지 않으면, 이런 충격은 심각한 부상이 되기 쉽다.

파쿠르를 시작할 때, 꽤 높은 곳에서 뛰어내려도 통증이나 불편함 없이 내려올 수 있다고 느끼는 경우가 있다. 이 느낌에 속으면 안 된다. 충분한 기술과 체력이 준비되지 않은 상태에서 뛰어내리면, 관절과 결합조직(연골, 힘줄, 인대 등)에 급성 손상뿐 아니라 최악의 경우에 회복이 늦어지며 만성통증이 생길 수 있다.

올바르게, 안전하게 시간을 투자해 훈련하면 부상 없이 높은 곳에서 뛰어내릴 수 있다. 몸은 우리가 아는 것보다 더 무한한 잠재 능력이 있다. 더 정확히 말하면, 인체는 상상하는 것보다 훨씬 더 많은 것을 해낼 수 있다. 점프와 착지는 인간의 가장 기본적인 움직임이다.

점프와 착지는 어렸을 때 자연스럽게 잘하다가 어른이 되면서 하지 않는다. 결국 점프와 착지가 주는 신체적 이점과 움직임의 연관성을 잃어 버린다. 사람들은 헬스장에서 쉽게 접하는 '박스 점프' 같은 제한된 형태의 점프를 경험한다. 이것만으로는 인간 본연의 점프와 착지 기술을 회복하는 데 충분하지 않다. 프리시전 점프, 러닝 점프, 드롭 점프(Drop Jump),[*]

---

[*] 높은 곳에서 수직으로 뛰어내려 착지하는 기술. 일반적으로 낙법 기술과 연계된다.

스트라이드(Stride),[**] 홉핑 점프(Hopping Jump)[***] 등 점프 기술은 수 없이 많다. 좋은 움직임을 만드는 건 결국 다양한 움직임이다. 파쿠르는 인간이 어디까지 얼마나 다양한 점프를 할 수 있는지 대중의 인식을 바꿔 왔고, 앞으로도 인간이 할 수 있는 새로운 가능성을 제시할 것이다.

[**] 먼 거리를 다리를 번갈아 가며 연속으로 뛰어넘는 기술.
[***] 스트라이드 기술의 상위 동작. 먼 거리를 같은 발로 도약해 같은 발로 착지하는 기술.

낙법의
중요성

　　　　　파쿠르 기초 동작 중에서 가장 오래 걸린
까다로운 동작은 낙법이었다. 발과 손 등 사지로 충격을 제어
하는 움직임인 착지와 달리, 낙법은 사지로 충격을 제어한 뒤
에 남은 충격을 분산하기 위해 구르는 동작이다. 낙법을 익히
려 동네 합기도장을 찾아갔지만, 체육관에서 사용하는 낙법
은 콘크리트 바닥에서 쓸 수 없었다. 파쿠르 창시자 데이비드
벨의 낙법 슬로우모션 영상을 몇 년에 걸쳐 반복해서 관찰하
고 야외에서 연습한 끝에, 겨우 부드러운 낙법의 감각을 몸에
익힐 수 있었다.

　낙법은 참 희한한 기술이다. 분명 앞구르기처럼 진입하는
데, 구르는 과정은 옆구르기 같으면서 다 구르고 나서는 정면
으로 일어선다. '낙법'이라고 쉽게 말하기엔 한눈에 포착하기
힘든 복잡한 움직임 패턴이다. 굴러가는 모양을 그대로 따라
한 것 같은데 막상 영상으로 내 움직임을 찍어 보면 엉성하

고 투박하다. 마치 모난 육각형이 바닥을 마지못해 굴러가는 모양새다.

낙법을 맨바닥에서도 잘하는 사람은 낙법할 때 전혀 아프지 않다고 말한다. 그 말을 듣고 아스팔트 바닥에서 어깨가 까지고 피멍이 들 때까지 연습했지만, 구를 때 항상 몸 어딘가가 아팠다. 어깨와 꼬리뼈에 계속 피멍이 들었다. 똑바로 누워 자는 것은 사치였다.

낙법할 때 어깨와 꼬리뼈가 왜 아픈지 몇 년 후 트레이서 라이언 도일(Ryan Doyle)과 댄 에드워즈(Dan Edwardes)의 파쿠르 강좌를 보고 나서야 알았다. 일반적으로 낙법 연습 과정은 제자리 낙법을 먼저 연습하고, 점점 높은 곳에서 뛰어내리는 낙법으로 나아간다. 하지만 혼자서 연습한 낙법은 비선형적으로 성장했다. 선형이란 영화 필름처럼 원인부터 결과까지 순차적으로 연결 고리가 이어지는 방식을 뜻한다. 비선형 방식은 교과서의 단계별 연습 과정, 순차적인 난이도, 직선적인 성장 개념에서 벗어난 학습 경험이다.

제자리에서 낙법하는 것보다 높은 데서 뛰어내리는 낙법이 더 쉽고, 아프지 않았다. 높은 곳에서 뛰어내릴 때 얻는 수직 낙하 에너지가 구를 때 수평 에너지로 전환되면서 제자리에서 구를 때보다 훨씬 빠르게 굴러가기 때문이다. 떨어지는 힘이 앞으로 굴러가는 탄성이 돼 어색한 자세를 상쇄했다.

낙법은 바닥에 닿는 몸의 순서를 생각하고 정교하게 가다듬어야 한다. 상상해 보자. 지면에 앞꿈치가 닿자마자 양 손바닥을 착지한 지점 사선 방향에 짚고, 머리가 땅에 부딪히지 않도록 고개를 사선으로 숙인다. 수직 낙하 충격이 정면을 향한 탄성으로 전환되는 감각을 온전히 받아들여 손바닥에서 팔뚝, 날갯죽지를 지나 넓은 등을 사선으로 훑고 엉덩이로 빠져 다시 앞꿈치로 빠져나온다. 이렇게 제대로 된 낙법은 팔꿈치, 어깨, 꼬리뼈 등 관절 부위가 애초에 바닥에 닿지 않는다. 잘못된 낙법은 관절이 바닥에 닿으니까 아픈 것이다. 흥미롭지 않은가? 딱딱한 맨바닥은 훌륭한 낙법 선생님이다.

누구나 낙법을 처음 연습할 때는 이 기술이 과연 높은 곳에서 뛰어내릴 때 충격을 제대로 분산시킬지 의심이 가득하다. 지나가다 보는 행인도 "더러운 바닥에서 왜 뒹굴고 있지?" 하고 의아해 할 것이다. 여기서 멈추면 파쿠르는 끝난다. 자기 의심과 행인의 시선은 당신이 얼마나 낙법을 간절히 원하는지 시험하는 무대다.

관절을 보호하고 충격을 제어하기 위한 실용적인 목적으로서의 낙법이 어느 정도 숙련된 상태에 이르면, 행인의 시선도 의아함에서 호기심으로 바뀐다. 가던 길을 멈추고 낙법을 왜 하는지, 낙법을 하면 무엇이 좋은지 묻기 시작한다. 그 질문들에 대한 대답을 반복하면 반복할수록 낙법에 대한 움직임뿐만 아니라, 그것을 말로 풀어 설명하는 문장도 점점 더 간결해진다.

또한 낙법을 단지 실용적인 목적이 아니라 장애물과 어우러진 표현의 수단으로서 활용하면, 행인은 호기심을 넘어 감탄하기 시작한다. 대표적으로 싱가포르의 파쿠르 선수 코 첸 핀(Koh Chen Pin)은 '프로젝트 다이브 롤(Project Dive Roll)'로 세계적인 명성을 얻었다. 그는 말도 안 되는 거리와 높이, 낙차를 낙법으로 구르고 표현한다.

낙법은 위험한 도시 공간에서 좀 더 과감하게, 좀 더 자유롭게 몸을 던지고 실험하도록 돕는다. 이쯤 되면 위험을 표시한 경고판도 금기의 경계가 아니라 새로운 가능성의 기회로 보인다. 신체적 도구를 얻는다는 것은 세상을 접촉하고 해석하는 방식이 변화한다는 뜻이다. 낙법으로 새로운 세계를 경험하고 싶지 않은가?

목적은
벽을따라
달리기

높은 벽을 올라가는 파쿠르 기술을 영미권에서는 월 런, 불어권에서는 빠스뮤라일(Le Passe-muraille)이라 부른다. 중력의 세계를 벗어날 수 없기에 수평과 하강의 움직임이 대부분인 파쿠르에서 월 런은 상승의 움직임을 경험할 유일한 기회다.

처음 월 런을 시도했을 때가 기억난다. 아무도 없는 밤, 한 중학교 건물 뒤편 급식실 벽에서 연습했다. 낮은 벽은 발을 디딜 필요 없이 간단한 점프만으로도 올라갈 수 있었지만, 키보다 높은 벽을 마주하면 본격적으로 벽에 발을 디뎌서 몸을 위로 띄워야 하는데 그게 쉽지 않았다.

특히 높이가 주는 압박감 때문에 제대로 달리지 못하거나 달리더라도 벽에 가까워질수록 두려움이 커졌다. 두려울수록 나도 모르게 달리는 속도를 줄였다. 벽을 발로 차도 높이 뜨지 않았다. 용기를 낸 건 랜디 포시(Randolph Frederick

Pausch)의 마지막 강의 덕분이었다. 그는 시한부 인생을 판정받고 이렇게 말했다. "벽이 있는 것은 당신을 가로막기 위해서가 아니라 당신이 얼마나 그것을 간절히 원하는지 시험하는 기회다."[*]

자연스러운 월 런은 다리의 강한 순발력과 상·하체 동작의 조화로운 상호작용이 필요하다. 벽으로 뛰어갈 때 앞으로 가는 가속도를 벽 위로 올라가는 에너지로 전환하는 게 목적이다. 어떤 의미에서 목적은 벽을 따라 '달리는' 것이다.

손이 벽이나 장애물 위에 도달하자마자 상체의 근육, 특히 등·어깨·팔 근육을 사용해 몸을 위로 당겨 벽 위로 올라가면서 월 런을 완성한다. 키의 두 배가 넘는 높이도 월 런 기술로 어렵지 않게 올라갈 수 있다.

정확하게 월 런을 수행하는 비결은 탄력과 가속도를 제대로 활용하는 것이다. 달릴 때 얻은 가속도를 강력한 동작으로 위로 가는 에너지로 한 번에 전환해 벽 위를 잡아야 한다. 에너지 전환이 느리거나 자연스럽지 않으면, 다시 바닥으로 떨어진다. 기술이 더 자연스럽고 숙련도가 높아지면, 점점 벽을 벽이 아닌 쉽게 뛰어 올라갈 수 있는 '수직으로 된 바닥'으로

[*] Randy Frederick Pausch, 〈Last Lecture〉(https://www.youtube.com/watch?v=ji5_MqicxSo).

볼 것이다.

월 런의 움직임은 단순하다. 벽을 향해 뛰어가 벽에서 한 걸음 정도 떨어져 있을 때, 살짝 뛰어서 양 발 중 강한 쪽 발을 허리 높이로 든다. 다리를 벽 위로 차는 동시에 팔을 위로 들어 벽 위를 잡는다. 벽은 한계를 상징하는 동시에 벽 너머의 가능성을 내포하고 있다. 벽은 다양한 형식의 장애물 중에서 입문자에게 가장 큰 좌절감을 주면서도 가장 높은 성취감을 준다.

약한 힘은
반복에서 온다

파쿠르의 가장 중요한 기초 기술이면서 숙련되기까지 오랜 시간이 걸리는 기술은, 낙법에 이어서 프리시전 점프다. 프리시전 점프는 제자리에서 도약하는 스탠딩 프리시전과 달려서 도약하는 러닝 프리시전으로 구분된다. '정교한, 정확한'이란 뜻을 지닌 프리시전(Precision)은 정확하게 착지하는 점프를 말한다.

2014년, 성남시 야탑중앙도서관에서 정기적으로 야외 파쿠르 수업을 지도했다. 12월 27일 수업은 새해 맞이 기념으로 열다섯 명이 함께 스탠딩 프리시전 2,015회에 도전했다. 종이에 숫자 50을 스물다섯 개 적고, 숫자 51도 열다섯 개 적었다. 규칙은 간단했다. 자신이 점프할 수 있는 제자리멀리뛰기 최대 거리의 70~80% 위치에 장애물을 정하고, 50회 혹은 51회 점프에 성공하면 해당 숫자에 동그라미를 그리는 것이다. 여기서 중요한 점은 착지할 때 앞꿈치로 정확하게 균형을 잡아야 횟수로 친다는 것. 실패한 착지는 횟수에 포함하지 않는다. 한 사람당 평균 134회의 스탠딩 프리시전에 성공하면 할 수 있는 도전이다.

회원 대부분 착지를 실패하는 경우가 많아 10회를 채우는 데도 꽤 많은 시간이 걸렸다. 평균 134회의 점프는 실제로 실패 횟수까지 더하면 400~500회 시도해야 가능하다.

본래 40분 이내에 끝내리라 생각한 도전은 한 시간이 지났을 때 2,015회 중 겨우 반을 채웠다. 하체와 복부에 극심한 피로가 몰려와 점프 후 휴식 시간이 점점 길어졌다. 해가 지고 어두컴컴해지면서 집중력도 점점 흐트러졌다. 구호를 외쳤을 때 우렁차게 화답했던 "다 같이 끝내자!"가 이제는 영혼 없는 메아리로 들렸다.

이 도전은 누군가가 쉬거나 포기하면 누군가는 그만큼 숫자를 채워야 하므로, 혼자서 잘하기보다 협력과 신뢰가 중요했다. 나 또한 하체가 아프다고 아우성쳐 포기하거나 타협하고 싶은 마음이 앞섰지만, 그럴 때마다 점프에 도전하는 회원들의 모습을 보고 다시 마음을 다잡았다.

두 시간이 지나자, 마지막 숫자 51이 남았다. 희망이 보인 탓일까? 지친 회원들 모두 남은 에너지를 모아 적극적으로 점프에 나섰다. 마침내 2,015회를 채웠다. 다들 자리에 주저 앉아 허벅지를 손으로 주무르기 바빴다. 어느 정도 호흡이 돌아오자 한 명 한 명 정성을 다해 포옹했다. 나이, 실력, 체력, 경험 등 전부 달랐지만, 각자의 영역에서 최선을 다해 함께 불가능하리라 생각한 도전을 성취했다. 어느 때보다 서로 연결된 마음으로 새해를 맞이할 수 있었다.

치타의
움직임이
아름다운 이유

파쿠르 창시자 중 한 명인 데이비드 벨의 움직임은 파쿠르를 모르는 사람이 봐도 주목하게 만드는 무언가가 있다. 자연스러운 움직임에서 오는 신속함이다. 이 움직임을 보고 많은 사람이 '나도 빠르게 움직이고 싶다'라는 욕구에 가슴이 벅차올라 거리로 나갔다. 하지만 장애물에 정강이를 갈리거나 무릎을 부딪히고 앞으로 고꾸라지면서 숙련된 기술과 체력의 뒷받침 없이 속도를 낸다는 것은 욕심임을 깨닫는다.

파쿠르의 움직임은 사냥하는 동물들의 움직임과 유사하다. 치타가 얼룩말을 사냥할 때 그 움직임은 정말 아름답다. 그러나 치타는 아름답기 위해서 움직인 것이 아니라, 목표물을 잡기 위해 최대한 단순하고 효율적으로 움직일 뿐이다. 파쿠르의 움직임도 같다. 아름다운 움직임을 구사하려 할수록 머릿속이 복잡해지고, 잔 동작이 많아진다. 목적을 정하고 장애물을 최대한 간결하고 단순하게 극복해야 한다. 반복 숙달된 단순함은 자연스러움을 끌어낸다. 자연스럽다는 것은 아름답다는 뜻이다.

파쿠르에서 속도를 얻기 위해서는 움직임을 최대한 단순하게 만들어야 한다. 너무 단순한 나머지 파쿠르를 모르는 일반인이 봤을 때, "이게 뭐야? 엄청 쉬워 보이네"라는 반응이 있을 정도여야 한다.

움직임을 다듬는 과정으로 'Once is Never' 트레이닝을 반복해야 한다. 'Once is Never'는 파쿠르 창시자들로부터 시작해 전 세계 파쿠르 커뮤니티에 널리 전파된 철학이다. 거칠게 번역하자면, '한 번 한 것은 한 게 아니다'라는 뜻이다. 어떤 도전이든 처음 성공했을 때 성취감에 젖겠지만, 사실 운이었을 수도 있음을 명심해야 한다.

하나의 장애물 코스를 설정하고 동일한 패턴의 움직임을 쉬지 않고 반복하면 안다. 벽, 레일, 담장 등 다양한 장애물을 쉬지 않고 질주하면, 내 몸은 에너지를 아끼기 위해서라도 가장 간단한 동작을 선택한다.

첫 바퀴에서 한 동작, 그리고 마지막 바퀴에서 한 동작을 비교하면 눈에 확연하게 들어올 정도로 차이가 크다. 처음에는 복잡하면서도 에너지 소모가 큰 동작이 많지만, 마지막에는 매우 간단하고 에너지 소모가 적은 동작이다. 단순화된 내 움직임에 최대 속도를 내면 좋은 결과를 얻는다. 이것이 파쿠르에서 말하는 효율성이다. 최소의 투입(에너지, 움직임)으로 최대의 결과를 얻는 것이다. 데이비드 벨은 다음과 같이 말했다.

> 하나, 해라. 둘, 잘해라. 셋, 잘하고 빠르게 해라 — 그럼 넌 전문가다(First, do it. Second, do it well. Third, do it well and fast — that means you're a professional).★

첫 단계는 '실천'의 중요성, 두 번째 단계는 '의식적 연습'의 중요성, 세 번째 단계는 '간결함'의 중요성이 담긴 문장이다. 처음에는 쌓아 올리는 것이 중요하지만, 나중에는 오히려 불필요한 자신의 군더더기를 제거하고 무너뜨리는 것이 중요하다. 이 세 가지 단계는 원석(복잡한, 불필요한 움직임)을 다듬어 보석(단순한, 필요한 움직임)으로 승화하는 과정이다. 자연스러운 움직임을 원한다면 불필요한 움직임을 깎아 내야 한다.

★ David Belle,《Parkour》, GLENAT, 2010.

힘의
의미

 파쿠르에서 '힘'이란 신체 근력 이상의 깊은 의미를 지닌다. 파쿠르 수련자에게 힘은 어려운 상황에 적응하고, 실패해도 본래 시점으로 돌아오는 자기 회복력을 넘어 결과적으로 더욱 성장하는 것을 의미한다. '반 취약성(anti-fragility)'이라고 한다. 강한 천둥 바람에 꺾이는 나무들과 달리 흔들릴수록 더욱 단단해지는 버드나무와 같은 이치다.

 파쿠르는 변화무쌍한 장애물들을 극복할 때 마주하는 여러 문제를 창의적인 움직임으로 해결한다. 움직임의 다양성이야말로 파쿠르의 핵심 키워드다. 파쿠르는 움직임의 다양성과 실용성이 중요하다. 먼 거리를 점프할 수 있지만 먼 거리를 달리지 못하거나, 무거운 무게를 들어 올릴 수 있지만 복잡한 지형을 이동할 수 있을 만큼 민첩하지 못한 현상은 어느 한쪽 측면에만 지나치게 전문화한 결과다.

파쿠르의 개념은 모든 방면의 어려움, 도전, 환경을 극복하는 실용적인 몸을 준비하는 것이다. 파쿠르 수련자는 언제든지 신체적·정신적 약점을 발견하면, 잠재력을 최대한 끌어올려 그 약점을 보완하려 한다. 모든 방면에 유능한 제너럴리스트(Generalist)가 되려는 태도는 움직임을 포함한 일상생활의 다양한 방면에서 몸의 기능을 향상하며, 더 건강하고 오래 움직이도록 돕는다.

파쿠르의 주요 모토는 '존재와 지속(To be and to last)'이다. 움직임과 몸의 기능을 안전하게 더 높은 수준으로 끌어올리기 위해서 점진적이고 장기적인 관점으로 접근해야 한다.

파쿠르는
진화 중!

　　　　파쿠르는 창시자의 사상과 대중의 욕망이 맞물려 다양한 이름으로 변모해 왔다. 도시 공간의 장애물을 맨손과 맨몸으로 극복하는 움직임 및 태도에 처음 이름을 붙인 인물은 레이몽 벨이다. 그는 군대 유격 훈련 코스 '전사의 길(Parcours du com-battant)'에서 따와 'Parcours'라 불렀다. Parcours는 일반명사로 길, 코스, 여정을 뜻한다. 그는 소년 시절부터 참여했던 전쟁, 프랑스 군, 기계체조 선수, 소방 특수부대 활동 경험을 바탕으로 동네의 사물과 환경을 신체 단련 수단으로 활용했다. 이때까지만 해도 여러 사람이 참여한 문화라기보다는 그만의 독특한 라이프스타일에 가까웠다.

　두 번째 이름은 1997년에 탄생했다. 야마카시 팀이 창단되면서, 멤버 세바스티앙 푸캉이 'L'art du Déplacement(이동예술)'을 제안했다. 야마카시 멤버들은 야마카시와 이동예술을 섞어 썼다. 세바스티앙 푸캉은 'Parcours du combatant'에서 파생된 Parcours라는 단어에 군대식 문화와 언어가 강하게 남아 있어 야마카시 멤버들의 가치관, 움직임을 충분히 대변하지 못한다고 생각했다. 이 시기 파쿠르는 군대 스타일의 맨몸 운동, 남성적인 강인함이 있었다. 하지만 어린이 같은 놀이 문화, 새로운 움직임을 발견하는 창의성, 자유와 사회 비판적인 힙합 문화, 슈퍼맨과 배트맨으로 대표되는 영웅 서사, 이소룡 및 성룡으로 대표되는 아시아를 향한 서구의 동경과 오리엔탈리즘적인 환상이 녹아 있었다.

세 번째 이름은 1998년에 만들어졌다. 아버지의 뜻을 이어받은 데이비드 벨이 'Parkour'라는 명칭을 만들었다. 파쿠르는 한 지점에서 다른 지점으로 신속하고 효율적으로 이동하는 움직임과 실용주의적 사상을 근간으로 한다. 새로운 장르를 접할 때 모호한 것보다 정확하고 생산성이 확실한 것을 좋아하는 대중, 그리고 정보통신 시대에 힘입어 파쿠르는 전 세계로 알려졌다.

마지막으로 2003년, 세바스티앙 푸캉은 영국 공영방송에서 방영한 다큐멘터리 〈점프 런던(Jump London)〉에 출연하면서 영미권 시청자를 대상으로 접근성을 높이기 위해 파쿠르 대신 '프리러닝'이란 단어를 선보였다.

다큐멘터리 방영 뒤 급속도로 생성된 세계 각지 커뮤니티에서는(특히 Parkour.NET을 중심으로) 파쿠르와 프리러닝을 구분했다. 데이비드 벨의 파쿠르가 효율성에 중점을 둔 이동 기술이라면, 세바스티앙 푸캉의 프리러닝은 예술성과 창조성에 중점을 두고 표현하는 움직임이다.

푸캉이 말한 "자기 자신만의 길을 따라가라"의 의미는 외부에서 어떤 진리를 찾거나 따라갈 것이 아니라, 오직 자기 자신의 고유한 것을 추구하고 갈고닦으라는 의미다. 푸캉의 사상은 맹목적으로 실용성만을 중시했던 기존 파쿠르 세계에서 탈피해 개별자에게 자신의 스타일대로 파쿠르를 향유할 자유를 던져 주었다는 점에서, 움직임의 세계에 시사하는 바가 크다. 이 시기에 파쿠르가 영화, 방송, 게임, 광고 등 여러 대중매체에 소개되면서 십 대, 이십 대 젊은이들을 중심으로 자생적인 커뮤니티가 생겨났다.

야마카시 팀이 초창기 파쿠르를 개발하는 과정에서 어떤 규칙이나 질서 없이 움직임을 쌓아 올린 것처럼, 세계 각지의 파쿠르 커뮤니티도 말 그대로 자유분방하게 도시 장애물을 활용해 새로운 움직임을 만들었다. 차이가 있다면 야마카시 멤버들은 움직임을 '강인함'이라는 아이디어에서 생성했고, 새로운 커뮤니티는 대체로 사회적 인정, 유명세, 멋지고 화려하고 어려운 기교를 위해 움직임에 접근했다. 아크로바틱, 기계체조, 브레이크댄싱 요소가 급속도로 파쿠르 동작에 가미되었다. 종합했을 때, 세바스티앙 푸캉은 프리러닝을 창시함으로써 대중의 욕망을 인정하고 파쿠르의 변화를 열어 준 셈이다.

원점으로 돌아와서 데이비드 벨과 세바스티앙 푸캉이 각자의 이름을 들고 야마카시 팀을 이탈했지만, 야마카시 팀은 지금도 'L'art du Déplacement'의 이름으로 이동예술 본연의 태도와 철학, 움직임 스타일을 파쿠르와 프리러닝이 태어난 프랑스를 중심으로 보존해 나가고 있다. 파쿠르와 프리러닝이 태어난 프랑스, 캐나다 퀘벡을 중심으로 가장 조용하지만 가장 뿌리 깊은 그룹이다.

여러 이름으로 불린 파쿠르는 올드스쿨과 뉴스쿨, 어떤 창시자의 계보를 따르는지, 개인의 욕망과 사회적 관점에 따라 '파쿠르와 프리러닝은 같은 운동이다', '아니다' 혹은 '구분 짓는 것은 의미 없다' 등 다양하게 해석되고 있다. 이 용어들 모두 도시와 자연에 존재하는 다양한 장애물과 직면하면서 두려움을 통제하고 정신적·신체적으로 강인해지기 위해 자신을 단련하는 훈련이라는 공통점이 있다.

파쿠르와 프리러닝의 관계는 더욱 정치적으로 해석해 볼 수 있다. 예를 들어 데이비드 벨은 2018년 국제체조연맹 초

대 파쿠르 위원장을 맡아 스포츠 파쿠르의 시작을 열었다. 그는 기존의 실용주의 파쿠르를 그대로 이어받은 '스피드 파쿠르'와 사실상 프리러닝의 개념과 동일한 '프리스타일 파쿠르' 종목을 만들었다.

프리러닝은 대중을 사로잡는 쇼 비즈니스, 화려한 기술과 퍼포먼스로 자본주의에 효과적으로 흡수되었다. 대표적으로 레드불이다. 오늘날 대부분의 트레이서가 참여하고 싶어 하는 '레드불 아트오브모션(Art of motion)' 대회는 초창기에 상당히 삐걱거린 이벤트다. 파쿠르 커뮤니티들이 경쟁 반대, 상업화 반대를 외쳤기 때문이다. 레드불은 파쿠르가 아닌 '프리러닝'을 사용해 비판을 효과적으로 회피했다.

결론적으로 파쿠르, 프리러닝, 이동예술 사이의 관계성과 해석의 여지는 명분과 이름 이면에 숨겨진 의도를 제대로 파악하는 데 달려 있다. 이름은 길 잃은 존재를 드러내는 집이자 욕망을 숨기는 아지트라는 양가적 기능을 한다.

오늘날 파쿠르는 비공식적인 통계 추산에 따르면, 전 세계 약 300만 명이 즐기는 마니아 중심의 움직임이다. 유튜브 조회 수나 콘텐츠 수는 스케이트보드, BMX(자전거 장애물 경기) 등 익스트림 스포츠 중 가장 상위를 기록하고 있다. 특히 영국은 세계 최초로 파쿠르를 공식 스포츠로 지정했고, 스포트

잉글랜드(Sport England)에 따르면 영국에서 매주 1회 이상 파쿠르 활동을 하는 인구는 약 10만 명이다. 2018년 12월 3일, 전 세계 기계체조 단체를 관할하는 국제체조연맹(FIG)은 파쿠르를 여덟 번째 기계체조 종목으로 결정했다.

파쿠르, 프리러닝, 움직임의 예술. 그 자체는 그대로 있다. 단지 찾아오는 손님들에 의해, 인간이 그리는 무늬에 의해 다양한 이름을 얻을 뿐이다. 교육의 파쿠르, 동호인의 파쿠르, 스포츠의 파쿠르, 예술의 파쿠르, 미디어의 파쿠르, 놀이의 파쿠르, 과학의 파쿠르, 건축의 파쿠르, 철학의 파쿠르는 각각의 붓을 들어 파쿠르에 색깔을 칠한다. 그만큼 파쿠르에는 무한한 잠재성과 자유로움이 있다. 지금도 파쿠르는 계속해서 새롭게 변화하고 있다.

경쟁이
시작되다

파쿠르는 시작 단계부터 타인과의 경쟁이 아닌 자기 극복에 큰 의미를 뒀다. 하지만 파쿠르의 저변이 확대되면서 파쿠르도 변화했다. 파쿠르 세계에 경쟁이라는 개념이 본격적으로 들어온 계기는 2007년에 열린 세계 최초 프리러닝 대회 '레드불 아트오브모션'이다.

2000년대 초까지 파쿠르 수련자들은 경쟁이 야마카시 창시자들로부터 물려받은 유산과 파쿠르의 진리를 위협한다고 해석했다. 파쿠르의 스포츠화를 반대하고 비교 및 평가하는 행위는 수련자로서 타락으로 여기기도 했다. 그러나 레드불이 당시 가장 인기 많고 규모가 큰 어반 프리플로우(Urban Freeflow), 템페스트(Tempest), 에어 윕(Air Wipp) 등의 파쿠르 팀을 섭외하면서 분위기는 반전됐다.

당시 파쿠르 커뮤니티에서 '레드불 아트오브모션' 대회의 평가는 다양했다. 트레이서들의 우려가 현실로 드러나기도

했다. 선수가 관중의 환호를 받기 위해 몸을 무리하게 썼기 때문이다. 트레이서 라이언 도일은 1위를 차지했지만, 더블콕(Double Cork)* 기술을 잘못 착지해 심각한 다리 골절을 입었다. 이 부상으로 몇 년 동안 부상 회복에 전념해야 했고, 후유증으로 선수 수명이 끝나고 말았다.

하지만 대회에 참가한 팀들은 처음으로 대기업과 협력하면서 또 다른 가능성을 발견했다. 어반 프리플로우는 2008년 바클레이카드(Barclaycard)의 후원을 받아 런던에서 '월드 프리러닝 챔피언십'을 개최했다. 이 대회는 '레드불 아트오브모션'과 매우 유사하지만, 참가한 선수끼리 서로 심사한다는 점이 특징이다. 이런 독특한 시스템이 나온 이유는 "경쟁한다고 해서 파쿠르의 가치를 훼손하는 것은 아니다!"라는 메시지를 담고 싶었기 때문이다.

안타깝게도 이 시도는 초기 파쿠르 대회들이 겪은 문제들로 가려지고 말았다. 미디어는 파쿠르를 익스트림 스포츠로만 규정했고, 장애물 코스마다 두꺼운 매트를 깔았다. 두꺼운 매트는 안전은커녕 선수들에게 더 위험한 기술을 도전하도록 부추기는 역할을 했다. 첫 번째 경기에서 큰 사고가 발생

★ 마샬 아츠 트릭킹에서 자주 등장하는 기술로, 양팔과 한쪽 다리를 차올려 공중에서 몸을 수평으로 두 바퀴(720° 회전) 도는 고난도 기술이다.

하기도 했다.

2009년부터는 파쿠르 대회 규정이 바뀌었다. 아쉽게도 선수들끼리 서로 점수를 주는 심사 시스템이 사라졌다. 반면 매트를 제거하고 기술 숙련도를 강조했다. 선수들이 안전하게 착지할 수 없는 동작은 하지 않아 자연스럽게 부상과 사고가 줄었다.

파쿠르 수련자들은 파쿠르 대회의 발전을 위해 다른 스포츠 사례를 찾기 시작했다. 먼저 기계체조 대회였다. 얼핏 공통점이 많아 보이지만, 기계체조 선수들은 매번 같은 장비로 같은 루틴을 경쟁한다. 반면에 파쿠르는 장소 의존도가 높고, 경기 전날 선수 움직임의 흐름을 구성하는 능력이 훨씬 더 중요하다.

그러던 중 스케이트보드나 BMX와 같은 길거리 스포츠에서 영감을 얻었다. 'Runs' 대회는 스케이트보드 선수들에게 코스를 보여 주고 몇 분간 최고의 기술을 연결하는 플로우(Flow, 흐름)를 만들 시간을 준다. 선수들은 기술의 난이도, 실행 방식, 그리고 동작을 얼마나 부드럽게 연결할 수 있는지에 따라 평가받는다.

다른 스포츠 규정을 너무 많이 참고한 결과, 몇 가지 문제가 발생했다. 첫 번째는 시간 제한이다. 당시 파쿠르 선수들의 체력 수준을 아는 사람은 아무도 없었다. 단 한 번도 측정한 적 없기 때문이다. 다만 1분은 너무 길다고 의견이 모였다. 그 결과 선수들은 움직임의 연결보다, 숨을 고르고 자세를 잡거나 청중에게 과시 혹은 쇼맨십하는 시간으로 채우려고 했다. 가장 피곤한 상태에서 무모한 기술을 하도록 유도하는 부작용을 낳았다.

두 번째 문제는 가치 측정이다. 연결성, 난이도, 실행력, 창조성 등의 평가 항목 중 무엇을 우선순위로 삼고 측정해야 할지 심판도, 선수도 몰랐다. 초기 파쿠르 대회는 난이도가 최우선 항목이었다. 라이언 도일이 돌이킬 수 없는 부상을 입었지만, 첫 아트오브모션 대회에서 1위를 차지한 이유였다. 2011년부터 파쿠르 대회 규정은 선수가 경기 중 심각한 부상을 입을 경우 승리할 수 없게 했다. 그러자 다른 문제가 생겼다. 선수들은 다치지 않고 깔끔한 경기를 하기 위해 너무 안전하게 플레이하기 시작했고, 기술의 난이도와 연결성을 포기했다. 점차 평가 항목으로 기술의 연결성, 흐름이 점점 더 중요해지기 시작했다.

시대의 변화는 파쿠르 변화에 큰 영향을 줬다. 특히 인스타그램의 등장이 큰 영향을 미쳤다. 아트오브모션이 SNS 기반 온라인 파쿠르 대회를 도입하자 엄청난 효과를 발휘했다. 온라인 파쿠르 대회는 전 세계에서 재능 있는 선수를 선발하는 방법이었지만, 더 큰 기여는 선수들이 파쿠르 훈련을 열심히 하도록 장려한 것이다.

북아메리카 파쿠르 커뮤니티의 리더들은 자체 대회 규정을 개발했다. 유럽 파쿠르 선수들이 대기업이 만든 대회의 규정에 따라 훈련하는 것과 달리, 캐나다 밴쿠버의 오리진파쿠르(Origins Parkour) 팀은 파쿠르 수련자들이 실제로 훈련하는 내용을 보여 주기 위한 대회 형식을 개발했다. 이 팀은 '스포트 파쿠르 리그(SPL, Sport Parkour League)'라는 단체로 성장했다.

아트오브모션은 프리스타일 파쿠르 대회만 진행하는 반면에 SPL은 스피드, 스킬, 스타일로 세부 종목을 나눴다. 스피드 대회는 파쿠르의 실용성에 집중해서 누가 목적지까지 더 빨리 도달하는지 경쟁하며, 스킬 대회는 단일 기술에 대한 선수의 숙련도와 두려움 제어 능력을 시험한다.

아트오브모션 대회가 기술의 흐름, 난이도, 실행 및 창의성을 평가하는 기준을 자주 변경한 것을 참고해 SPL은 프리스타일 종목에서 처음부터 흐름만 평가하기로 결정했다. 짧지만 잘 계획된 흐름은 많은 트릭을 오랜 시간 이어 가는 실행보다 대회에 더 긍정적인 효과를 줬다. 아트오브모션 대회는 평균 30~45초 동안 파쿠르를 이어 가야 하지만, SPL 대회는 약 15초 동안 멈추지 않고 파쿠르의 흐름을 보여 주면 된다.

SPL은 2014년에 플래그(깃발) 시스템으로 전환했다. 선수를 정해진 코스에 몰아넣는 대신 깃발을 사용해 코스를 다양한 경로로 개방하는 방법이라, 선수는 강점을 발휘할 기회를 얻는다. 이 시스템은 빠른 상승과 하강, 방향 변경, 높은 곳에서 정교한 발 배치를 위한 장애물 코스를 만들었다. 선수들은 빠르게 이동하는 것뿐 아니라 환경 적응 능력과 다양한 파쿠르 기술에 능숙해야 했다.

세월이 흐르면서 파쿠르는 다양해졌고, 그 안에 경쟁이 들어올 수밖에 없었다. 경쟁이 파쿠르의 본질을 변질시켰지만, 파쿠르가 성장한 것도 사실이다. 트레이서들이 선수로 탈바꿈하는 과정은 흥미롭다.

2018년, 스위스에서 데이비드 벨과 국제체조연맹 와타나베 회장이 만났다. 그 결과 파쿠르는 기계체조의 여덟 번째 종목으로 편입됐다. 데이비드 벨은 국제체조연맹 파쿠르위원회의 초대 위원장이 됐다. 이제 파쿠르는 스포츠의 한 영역으로 변신했다. 국제올림픽위원회(IOC)에서 승인하지 않았지만, 2024년 파리 하계올림픽 정식 종목 채택을 논의했을 정도다.

2022년까지 국제체조연맹은 연 4회의 파쿠르월드컵을 중국 청두, 일본 도쿄와 히로시마, 불가리아 소피아, 프랑스 몽펠리에에서 개최하고 유튜브로 생중계했다. 기존의 파쿠르 커뮤니티는 국제체조연맹에서 파쿠르 종목을 빼앗아 갔다고 반발하기도 했지만, 시간이 흐르며 파쿠르 문화의 일부로 받아들이고 있다.

파쿠르
콘텐츠 노동자의
현실

2008년 겨울, 한 예능 버라이어티 쇼에서 출연 요청이 왔다. 방송 내용을 살펴보니 파쿠르가 주제가 아니라 '액션 청바지 쇼'였다. 당시 해외 UCC로 인기를 끈 것인데, 각종 공중기와 묘기로 청바지를 한 번에 입는 쇼였다. 마음 한 켠에 '이게 정말 파쿠르 홍보와 인식 개선에 도움이 될까?'라는 의문이 들었지만, 팀원들의 욕망과 입대를 앞둔 나의 불안이 맞물려 제안을 수락했다.

방송 작가는 출연 몇 주 전 신촌의 한 초등학교 기계체조장을 대관해 안전하게 연습할 시간을 주었다. 우리는 마루, 뜀틀 위에서 공중회전하며 청바지 안으로 쏙 들어가는 연습을 수없이 했다. 한 번에 쏙 들어가기 위해 이태원에 있는 빅사이즈 매장에서 3XL 청바지를 구매했다.

드디어 촬영 당일이 되었다. 녹화 방송이니 앞 팀들 촬영으로 네다섯 시간을 대기했다. 우리 순서가 되자 방청객 무대에

숨어 있다가 메인 스테이지로 파쿠르 액션을 하며 등장했다. 의자 사이를 점프하고 계단을 뛰어넘어 무대 위로 낙법을 했다. 무대 위에 있던 폐차 위로 올라가 공중제비를 돌며 착지하고, 2.5m 벽 장애물에 올라간 뒤 할 수 있는 가장 높고 먼 점프를 펼치며 무대 중앙으로 착지했다. 유현, 상민 형, 재옥 형도 각자 움직임과 퍼포먼스에 최선을 다했다.

특히 자동차 위에서 유현의 뒤공중 360° 회전(Back flip 360)은 압권이었고 패널 사이에서 환호가 터져 나왔다. 퍼포먼스를 끝내고 일렬로 자리하자 진행자가 나왔다. 긴장되면서도 용기가 샘솟았다. 짧은 인터뷰에서 나는 '야마카시'가 아니라 '파쿠르'라고 불러야 한다고 설명했다.

방송 출연으로 받은 금액은 문화상품권 20만 원이었다. 개인이 아니라 우리 팀 전체에 지급된 금액이다. 내심 실망했지만 파쿠르라는 용어를 알렸기에 아쉬움은 없었다.

2024년 지금, 공영방송 예능 프로그램 출연료는 그때와 비슷하다. 출연료를 문화상품권으로 주는 경우는 드물지만, 금액은 변함이 없다. 문화예술 노동 환경은 과거보다 나아졌다. 하지만 파쿠르에 대한 몰이해에서 나오는 어처구니없는 상황은 지금도 비일비재하게 발생한다.

한 방송사 다큐멘터리 촬영할 때의 일이다. 제작진이 사전에 '파쿠르의 모습을 통해 서울의 다양한 암석의 질감을 색다르게 보여 주며 거대도시의 역동성도 함께 보여 주고 싶다'라고 촬영 내용을 설명했다. 건물 사이를 점프하는 익스트림한 파쿠르의 모습만 비추는 프로그램에서 벗어나, 다큐멘터리에 파쿠르가 소개되기를 바라던 차에 좋은 기회였다. 프로젝트에 참여 의사와 함께 서울 곳곳의 파쿠르 장소들과 지난 20년간 촬영해 온 파쿠르 영상 링크를 공유했다.

촬영 전에 담당 PD, 무술감독, 촬영감독과 함께 사전 답사를 다녔다. 제작진이 제안한 장소들 중에는 파쿠르 동작을 수행하기에 매우 위험하거나 어려운 곳이 많았다. 이런 상황은 촬영 현장에서 흔히 일어난다. 요구를 모두 들어주는 순간, 누구 한 명 크게 다칠 수 있다. PD와 무술감독에게 할 수 있는 것과 할 수 없는 것을 명확하게 전달했지만, 직접 시범을 보여 주지 않으면 이해하기 어려워했다.

며칠 뒤 촬영에 들어갔다. 오전 6시 10분, 설악산 귀때기청봉 정상에 도착했다. 자연을 감상하며 촬영 팀을 기다리는데 PD에게 문자가 날아왔다. "귀때기청봉 정상까지 갈 필요 없어요. 바위 많은 중턱으로 내려오세요." 이때까지만 해도 제대로 목적지를 전달받지 못한 상황보다 바위 많은 곳이 파쿠르 할 곳이 많다는 것을 미처 고려하지 못한 나의 눈치를 탓

했다. 부산 해운대나 강원도 속초 바닷가에 널린 방파제(테트라포드)처럼 기암괴석이 쌓인 곳으로 내려오자 촬영 팀과 합류할 수 있었다.

오전 7시, PD 없이 설악산 산맥의 운무를 배경 삼아 바위 사이 점프를 초고속 카메라로 촬영했다. 촬영감독은 암석과 돌무더기 사이를 셋이서 누비는 안무를 짐벌로 뒤에서 따라오며 찍었다. 설악산 귀때기청봉의 돌무더기는 평지가 하나도 없고, 큰 돌보다는 착지하기 애매한 모난 돌들이 대부분이라 실족할 위험이 크다. 돌무더기 아래쪽 능선에 그나마 큰 바위들이 있어서 서둘러 촬영을 마무리하고, 아래쪽 능선으로 이동해 PD와 만났다. 곧이어 드론 촬영 팀이 도착했다. 30분 정도 파쿠르 움직임을 연출하고 있었는데, PD 요청으로 돌무더기 약 50m 아래쪽에서 능선 꼭대기까지 전력 질주로 달려오는 장면을 드론으로 촬영했다. 드론이 파쿠르 움직임을 제대로 못 잡았는지 같은 동선으로 8회 더 촬영했다.

오후 한 시가 넘었지만 PD의 요구에 맞춰 촬영이 계속됐다. 나와 동생들은 촬영감독의 "액션!"에서 "컷!" 사이의 빈틈을 이용해 김밥 하나씩 입에 집어넣고 촬영 신호가 오면 바로 파쿠르 액션에 들어갔다.

PD와 촬영감독이 대화 나누는 것을 얼핏 듣고, 해가 떨어질 것을 예상해 오후 세 시에 촬영을 종료한다는 것을 알았다. 그 순간 내 실책을 통감했다. 촬영 시간을 사전에 조율하지 않은 것이다. 국내 파쿠르 업계는 근로기준법과 건강을 고려해 하루 최대 촬영 시간을 8시간으로 제한한다. 하지만 이번 촬영은 설악산 등반부터 오후 세 시 촬영 종료, 그리고 하산 시간까지 고려하면 14시간의 노동인 셈이다.

오후 두 시, 다음 돌무더기로 내려가 세 명의 파쿠르 선수가 바위 코스를 파쿠르 기술 집약적인 동선으로 종횡무진하는 장면을 촬영했다. 본래 촬영감독이 짐벌 카메라로 파쿠르 선수들을 뒤따라갈 예정이었지만, 일반인이 뛰어갈 수 없는 매우 위험한 코스라 드론으로 촬영했다.

이 과정도 PD, 드론 감독, 파쿠르 팀 사이에 의사소통이 원활하지 않았다. 드론 감독은 오후 세 시 전에 하산하기를 원했다. 파쿠르 팀이 동선을 연습할 시간을 20분만 달라고 요청하자, 드론 감독은 촬영 시간이 충분하지 않다며 PD에게 문제제기했다. PD는 연습 없이 바로 촬영하기로 결정했고, 파쿠르 팀은 기존 경로대로 움직임을 준비했다. 그러자 PD가 추가된 동선이 없어졌다며 재촬영을 요청했고, 나는 다시 추가 연습 시간을 달라고 요구했다. 그제야 연습 시간이 필요하다는 것을 안 PD가 드론 감독을 설득했고, 파쿠르 팀은 연

습 시간을 벌어 추가한 동선을 넣어 재촬영할 수 있었다.

　문제는 드론 감독과의 호흡이 전혀 맞지 않았다는 점이다. 파쿠르 선수들이 액션을 마치고 재촬영을 위해 출발 지점으로 돌아오고 있는데도 불구하고 '액션!' 신호를 연신 외쳐댔다. 배터리가 충분하지 않아 드론이 하늘에 떠 있을 시간이 얼마되지 않기 때문이었다. 나는 "파쿠르 팀 아직 준비 안 됐습니다!"라고 반복해서 외쳤다. 촬영 현장은 안전을 위해 기계의 사정보다 사람을 우선해야 하는 것이 당연하지만, 현장에서 이 상식이 통하지 않는 경우가 많다.

　매우 불합리한 상황이다. 2012년까지 파쿠르 업계에는 광고 및 영화에서 스턴트 활동 시 정해진 임금이 없었다. 그래서 경력을 위해 12시간이 넘는 중노동도 20~30만 원을 받고 참여하는 트레이서들이 있었다. 2013년부터 하루 8시간 기준으로 파쿠르 출연료 100만 원이 업계의 기준으로 자리 잡혔다. 하지만 10년이 지난 지금도 같은 임금을 받고 있다. 원인은 여러 가지다.

　첫째, 플랫폼의 지각변동으로 대규모 예산과 장기적인 시간이 필요한 광고 시장이 사라지고, 유튜브, 인스타 등 적은 예산을 투입해 단기간에 생산하는 마이크로 커머셜이 기준이 됐다. 광고 참여 기회는 양적으로 성장했지만, 저예산이라서 질은 떨어졌다. 파쿠르 선수와 감독의 모델료도 저예산이 유지될 수밖에 없는 구조다.

둘째, 국내 파쿠르 업계에 경쟁이 예전보다 치열하다. 예전에는 파쿠르를 비즈니스 혹은 직업으로 하는 팀은 야마카시 코리아, 파쿠르 제너레이션즈 코리아뿐이었다. 그 외에 대부분 파쿠르를 취미로 여겼다. 하지만 파쿠르로 이익을 창출하는 현장을 본, 다음 세대가 그 가능성을 알고 파쿠르 시장에 뛰어들었다. 인스타그램이 흥하면서 광고 업계에서는 단체나 팀을 찾기보다 인스타그램 '#파쿠르' 해시태그로 적합한 모델을 직접 찾는 경우도 빈번하다. 경쟁이 치열해지다 보니 가격(단가) 경쟁도 자연스럽게 일어났다. 파쿠르를 찾는 클라이언트, 프로덕션은 파쿠르를 잘 모르기 때문에 실력을 구분하지 못한다. 따라서 파쿠르 경력보다는 가격만 보고 결정하는 일이 흔하다.

한 가지 더 고려할 사항은 사회문화적 변화이다. 촬영 현장에서 안전 감수성이 해를 거듭할수록 민감해졌다. 건물 사이를 점프하거나 위험을 무릅쓴 고난도 액션을 요구하는 광고 의뢰는 오래전에 사라졌다. (영화 업계는 다르지만) 거대한 규모나 목숨을 건 움직임으로 도전적인 기업 이미지를 담아내는 방식을 지양한다.

촬영 현장 구조 개선도 시급하다. 파쿠르 모델 임금은 시간으로 정하기 때문에 여러 시행착오와 변수가 많은 촬영 현장에서 언제나 시간에 쫓긴다. 제작진은 어떻게든 예산을 아끼기 위해 추가 촬영 시간에 따른 모델료를 아끼려고, 파쿠르 선수가 호흡이 미처 돌아오기 전에 다시 장거리 파쿠르 액션을 요구하곤 한다. 피로도가 높아져 움직임 수행 능력 저하, 부상 및 사고 위험이 커진다.

근본적인 문제는 방송, 영화, 광고 등이 파쿠르를 소비하는 방식이다. 국내 광고 및 영화 업계는 파쿠르를 자주 찾고 활용하지만, 트레이서는 스턴트맨만큼 존중과 합당한 임금을 받지 못한다. 예를 들어 스턴트맨을 섭외할 때에는 반드시 무술, 액션감독을 섭외하는 것이 상식이다. 그러나 파쿠르는 파쿠르 모델만 섭외하지 파쿠르 감독은 별도로 섭외하지 않는다. 파쿠르 촬영 현장에는 파쿠르 동작을 연출하고 기획하는 역할이 필수적이다. 연출자나 촬영 감독이 누가 와도 파쿠르 동작은 생소하기 때문에 카메라 실험당하기 일쑤다. 어려운 고난도 파쿠르 기술을 적게는 10회, 많게는 30회까지 반복해야 한다. 파쿠르 수련자의 피로가 누적돼 부상에 노출되기 쉽다.

그래서 촬영 현장에서 파쿠르 모델이 출연료 협상, 일정 관리, 계약서 작성, 장소 섭외 및 답사, 리허설, 위험 평가 및 부상 관리, 액션 및 동선 연출, 카메라 모니터링 및 피드백, 교통 및 숙소, 식사 관리 등의 업무를 한꺼번에 해야 한다. 문제를 해결하기 위해서 매번 광고 회사나 제작자와 협상해 파쿠르 감독의 필요성을 인지시켜야 하고, 이 과정을 프로젝트가 주어질 때마다 반복해야 한다.

파쿠르를 잘 모른다면, 그만큼 파쿠르 전문가에게 많은 역할과 권한을 주어야 한다. 하지만 대부분의 촬영 현장에서 트레이서는 그저 나이 어린 노동자에 불과하다.

기술이
전부가 아니다

　　모처럼 코치들과 파쿠르인들이 함께 만났다. 여러 이야기들이 오갔지만, 가장 흥미로운 주제는 '기술' 중심 접근 방식 때문에 입문자들이 파쿠르 본연의 즐거움과 매력에서 멀어진다는 우려였다.

　　파쿠르의 매력은 장애물과 상호작용하면서 예측하지 못한 움직임의 길이 트이는 것이다. 그런데 기술로만 접근하면 움직임의 자유는 사라지고 장애물은 부담스러운 숙제로 느껴진다. 무엇보다도 기술이라는 틀에 몸을 욱여넣는 과정은 헬스장 기계에 몸을 맞춰 운동하는 것과 흡사하다. 많은 사람이 자기 몸에서 출발하는 움직임이 아닌, 남이 인정하는 기술이나 SNS에서 더 많은 관심을 받는 기술 위주로 파쿠르를 접근하고 있다.

　　많은 파쿠르 새내기가 멋지고 화려한 기술들을 해야 파쿠르를 한다고 생각한다. 이런 기술들이 제대로 안 되면 파쿠르에 흥미를 잃거나 자기와는 안 맞는 활동이라 여긴다. 혹은 자기 몸을 혐오하고 채찍질한 끝에 기술을 해냈다는 성취감에 젖어 남겨진 부상의 흔적은 대수롭지 않게 넘긴다.

파쿠르를 기술 중심으로 사고하고 접근하게 만드는 문화의 생산자는 과연 누구일까? 파쿠르 코치는 어떤 역할을 해야 할까? 파쿠르를 누구나 연습할 수 있는 수련으로 바라보기보다는 일종의 기인을 보고 싶어 하는 대중의 욕망, 배고프고 마이너한 파쿠르 세계에서 빠르고 효율적으로 성공하고 싶어 하는 내부의 욕망이 맞물린 결과는 아닐까?

여전히 실제 파쿠르와 외부에서 보는 파쿠르의 간극을 줄이는 방법으로 코칭과 커뮤니티의 힘을 믿는다. '좋아요'와 '공감' 없이 살 수 없는 시대지만, '좋아요'와 '공감'만으로 살 수 없는 것도 현실이기 때문이다.

파쿠르를 시작하는 어른에게 하고 싶은 말

파쿠르는 다른 스포츠와 달리 오프라인에서 접촉이 이루어지기 어렵다. 대부분은 온라인상의 파쿠르를 접하고 오프라인으로 경험을 넓힌다.

온라인상의 파쿠르 경험이 오프라인에서 실제로 경험하는 파쿠르와 같을 수 있을까? 어려운 일이다. 오히려 격차가 크다고 말하겠다. 실제로 파쿠르 수업에 온 성인들은 대부분 수업 후기에서 자신이 아는 파쿠르가 아니라고 답한다. 위험하고 화려한 기술, 남에게 보여 주기 위한 행동이라고 생각했던 파쿠르가 알고 보니 안전하고 누구나 연습할 수 있으며, 자기 수련적인 면모가 있다는 것에 놀란다.

내가 마주한 성인들은 대체로 이십 대, 삼십 대다. 이십 대는 대체로 '내가 좋아하는 것은 뭘까? 나는 어떻게 살아야 할까?'와 같은 진로와 자아 고민이 많다. 삼십 대는 대체로 돈으로 대표되는 생계 고민이 많다. 개개인의 고민들을 마주하고 몸으로 움직이다 보면, 파쿠르가 주는 두 가지 역할이 보인다.

하나는 고민을 덮어 버리거나 가려 주는 망각의 역할이다. 사람들은 파쿠르를 통해 기분을 전환하고 다시 일터로 돌아가거나, 신체와 정신을 회복한 뒤 원래 살던 방식대로 되돌아간다. 다른 하나는 파쿠르에서 얻은 경험으로 관성대로 살아온 방식에서 벗어나거나 역행하는 선택을 한다. 좀 더 모험적으로 새로운 길을 파고든다. 이런 분들을 볼 때면 파쿠르 코치로서 지도하는 일이 의미 있다고 느낀다.

성인을 지도하다 보면 두려움을 마주하기 서투른 어른들을 만난다. 어릴 때부터 표백제처럼 위험이 완전히 배제된 일상을 살아왔을 수도 있고, 고소공포증·폐소공포증 등 타고난 두려움이 있기도 하다. 일반적으로 사람은 두려움을 느낄 때 상황 및 환경을 회피하거나 불편을 일상에서 제거하는 방식으로 행동하기 때문에, 두려움을 체계적으로 마주하는 경험을 하기가 쉽지 않다.

이때 단계적인 노출 요법을 제시한다. 예를 들어 고소공포증이 있는 성인은 자기 신체를 보호할 수 있는 착지, 낙법, 대응 기술을 바탕으로 위험을 감수할 수 있는 높이에 오르는 것부터 시작해 점차 높이를 높인다. 쉽게 말해, 두려움을 일으키는 약한 자극부터 점차 강한 자극까지 반복 연습과 노출을 통해 두려움을 줄이고 평정심을 높이는 것이다.

두려움을 마주하고 제어하는 능력이 왜 중요할까? 두려움을 마주하는 방식은 다양하다. 팔굽혀펴기 100개, 턱걸이 100개뿐만 아니라 달리기, 균형잡기, 점프 등 모든 방면의 기능적인 신체 요소를 고르게 갖춘 체력을 지녔는데도 1m 높이만 올라서면 무서워서 아무것도 할 수 없는 사람, 몸은 전혀 준비가 안 됐는데 슈퍼맨처럼 무모한 점프를 시도하다 크게 다치는 사람, 과제를 충분히 해낼 신체 능력을 지녔는데도 처음부터 "나는 할 수 없어요", "저런 건 못해요"라고 판단하는 사람. 예측 불가능한 상황에서 갑작스럽게 선택의 순간이나 도전해야 하는 상황을 마주할 때 습관적으로 부정적인 생각이나 실패하는 상상을 먼저 하는 사람. 몸과 마음이 따로 놀면서 나타나는 대표적인 현상들이다. 몸의 경험을 등한시하고 머리만 커진 경우, 그리고 마음을 등한시한 채 몸만 커진 경우다.

두려움에 지속해서 노출되고 두려움을 극복하는 과정은 몸과 마음을 하나로 일치시켜 움직이도록 돕는다. 평소에 자신을 과신하거나 과대평가하는 사람은 파쿠르 수련으로 자신의 약점과 신체 능력의 한계를 경험한다. 겸손의 미덕을 배운다. 될 줄 알았던 도전이 생각보다 어렵다는 사실을 깨달고, 기본을 등한시한 자신을 반성한다. 반면에 자신을 과소평가하는 사람은 파쿠르 수련으로 자신이 잘할 수 있는 것과 신체 능력의 가능성을 발견한다. 용기의 미덕을 배운다.

몸과 마음 사이의 괴리감은 반복된 연습과 도전으로 일치시킬 수 있다. 대표적인 결과는 다음과 같다. 몸이 실제로 뛸 수 있는 거리와 눈대중으로 가늠한 거리가 정확하게 일치한다. 또한 몸으로 직접 장애물을 확인하기도 전에 눈으로만 봐도 위험 요소와 재질, 성공하기 위한 핵심적인 팁, 실패할 경우 어떻게 대처해야 하는지를 대충 알 수 있다.

파쿠르 활동 외에 일상생활에서도 자신이 할 수 있는 것과 할 수 없는 것을 인지하고, 어떤 과업이 주어지더라도 막연히 두려운 것이 아니라 얼마나, 어떻게 시간과 노력이 드는지 몸의 경험으로 감을 잡을 수 있다. 예를 들어서 5km를 달린다는 말을 들었을 때, 경험을 통해 필요한 에너지와 힘든 정도를 예측할 수 있는 사람이 있다. 반면에 5km 거리에 대한 경험이 없는 사람은 '좋다', '싫다'라는 이분법적인 가치판단밖에 할 수 없다. 앞으로 두 사람이 담을 경험의 크기는 덧붙여 말하지 않아도 불 보듯 뻔하다.

위험을 감수하고 두려움을 극복한 성공 기억은 자신감뿐 아니라, 매사에 긍정적인 태도를 견지하고 부정적인 상황에

직면하더라도 긍정적인 상황으로 뒤집을 힘을 준다. 파쿠르 수업을 마치고 좋은 경험을 얻어 가는 사람들에게 자주 하는 말이 있다. 지금까지 배운 것은 다 내려놓고 집으로 돌아가라고. 파쿠르는 소유하지 않는 마음일 때만 제대로 기쁨을 만끽할 수 있다. 파쿠르는 무상한 행위이기에 즐거움과 기쁨을 느낀다면 충분하다.

3 파쿠르를 배우자

어떻게 몸을
준비할까

파쿠르는 사물과 상호작용하는 움직임이다. 그래서 다른 운동이나 종목과 달리 파쿠르는 입문자에게 기술 중심으로 장소를 선택하기보다는 장소와 사물을 중심으로 연습하길 권한다.

파쿠르는 고난도 기술이나 큰 충격이 가는 동작부터 시작할 필요가 없다. 간단한 움직임을 중점으로 체력 수준과 몸의 인지 능력을 조금씩 높여 가면서 안전하게 연습해야 한다. 둥글고 얇은 레일 위에서 균형을 잡거나 벤치를 뛰어넘거나 땅에 발을 대지 않고 건너편으로 이동하는 용암놀이, 길고양이처럼 소리 내지 않고 목적지까지 이동하는 '사일런스 파쿠르' 등 주변 지형지물과 움직임이 상호작용할 수 있는 친절하고 상냥한 체험 세션으로 누구나 파쿠르에 입문할 수 있다.

내가 사는 동네, 주변 지형지물을 움직임의 도구로 탐험한 뒤, 기본적인 가동성과 유연성의 확보를 위해 아래 '파쿠르 입문자를 위한 15가지 준비운동'을 실천해 보자.

- 척추 풀기(Spine Wave) 60~90초 실시.

- 벽 가까이서 손 안 닿고 팔 돌리기(Shoulder Mobility Exercise) 양 팔 각각 11회.

- 벽에 손 짚고 몸 회전하기(Wall Bridge Rotation) 양방향 각각 5회.

- 아치와 할로우(Arch & Hollow) 11회.

- 손목 풀기(Wrist Mobility Exercise) 11회.

- 스모 스쿼트(Sumo Squat) 11회.

- 스쿼트 3.0(Squat 3.0) 11회.

- 이도 스쿼트(Ido Squat) 각 방향 11회.

- 코삭 스쿼트(Cossack Squat) 11회.

- 애슬레틱 스쿼트(Athletic Squat) 11회.

- 사선 런지(Diagonal Lunge) 각 방향 5~8회.

- 고관절 가동성 운동(Hip Mobility Exercise) 8회.

- 동측과 대측 균형잡기(Ipsi & Contra) 5회.

- 킥 스로우(Kick Through) 각 방향 11회.

- 발목 풀기(Ankle Rotations) 동작별 11회씩.

아치

할로우

이도 스쿼트

코삭 스쿼트

애슬레틱 스쿼트

영상 척추 풀기

영상 팔 돌리기

영상 벽에
손 짚고 몸 회전

영상 손목 풀기

준비운동은 웜업(Warm-up)이라고도 불린다. 본격적인 운동에 앞서 부상을 예방하고 운동 수행 능력을 끌어올리는 신체 활동이다.

- **관절 가동성 운동** 결합조직과 관절의 가동 범위를 넓히는 운동으로 가벼운 관절 회전 및 동적 스트레칭이다. 관절 회전은 목 돌리기, 발목 돌리기 등이 있다. 동적 스트레칭은 10~15초 이상 지그시 근육을 늘리는 정적 스트레칭의 반대 개념으로 팔 벌리기, 다리 차올리기 등이 있다.
- **가벼운 유산소 운동** 체온과 혈액순환, 심박수를 높여 근육과 결합조직을 준비한다. 대표적으로 제자리 뜀뛰기, 조깅이 있다.
- **중추신경계 활성화 운동** 눈 감고 한 발 들어 올려 균형잡기, 떨어지는 공 잡기, 파트너의 손 피하기가 있다. 자극이 왔을 때 반응 속도와 집중력을 높이는 활동이다.
- **본운동 관련 근력 운동(가벼운 기술 연습)** 팔굽혀펴기, 런지, 턱걸이 등 파쿠르 기술에 필요한 근력 운동을 실시한다. 프리시전 점프가 본운동이라면, 준비운동으로 난간 위에 앞꿈치로 균형 잡는 레일 크라우치, 스쿼트 및 런지, 박스 점프를 실시한다.

각 과정의 순서는 계절과 컨디션을 고려한다. 겨울철에는 관절 운동보다 유산소 운동을 먼저 실시해 체온을 끌어올리는 것이 중요하다. 좋은 준비운동은 체온, 심박수, 혈액순환이 점진적으로 이루어진다.

스포츠 종목 및 분야의 특성을 고려한 준비운동이 필요하다. 발레리나의 준비운동과 역도 선수의 준비운동은 주로 쓰이는 근육과 움직임 특성상 다를 수밖에 없다. 파쿠르도 파쿠르 활동에 맞는 준비운동을 해야 한다.

파쿠르 준비운동에서 자주 하는 실수는 정적 스트레칭을 하는 것이다. 정적 스트레칭은 15초 이상 외부의 힘, 체중 혹은 도구를 이용해 근육 및 결합조직을 오래 늘리는 작업을 뜻한다. 파쿠르처럼 급격한 방향 전환, 근육의 빠른 신장 및 수축, 순발력이 필요한 움직임에서 정적 스트레칭은 최대 근력 감소, 근신경 효율, 반응 속도 저하로 운동 수행 능력에 지장을 줄 수 있다. 준비운동에는 근육을 장시간 이완시키는 정적 스트레칭보다 관절과 결합조직의 가동 범위를 확보하는 다양한 회전운동을 중심으로 동적 스트레칭을 한다.

바닥에서 시작하는 보행 움직임과 구르기

네발 움직임(Quadrupedal Movement)

인간은 두 발로 서서 걷는다. 그런데 왜 네발 움직임을 배워야 할까? 네발 움직임은 단지 잘 기어다니는 것이 아니다. 일상에서 접하는 다양한 지형지물을 효과적으로 극복하는 이동 능력이다.

네발 움직임 수련은 팔과 상체를 순간적으로 쓰는 장애물과 지형을 통과할 때, 특히 볼트 기술과 구르기를 수행할 때 체중을 지지할 기초를 만든다. 우리가 연습하는 다양한 네발 움직임은 장애물을 극복하는 특정 볼트 기술 패턴과 직접 관련 있다. 따라서 장애물을 극복하기 전에 맨땅에서 같은 움직임을 연습하면, 부상 예방뿐 아니라 기본적인 근력과 협응력을 기를 수 있다.

베어 워크(Bear Walk)

네발 움직임에서 가장 중요한 기초 동작이다. 먼저 '크로울 (Crawl, 기어가기)' 자세를 잡는다. 크로울 자세는 양손을 어깨 넓이로 바닥에 짚고, 양발을 골반 넓이로 짚는다. 손과 발 사이의 거리는 몸통 길이만큼 잡고, 양쪽 무릎은 지면에서 뗀다. 크로울 자세에서 왼손과 오른발을 앞으로 뻗고, 이어서 오른손과 왼발을 앞으로 뻗어 기어간다. 손목에 부담을 느낄 경우 엄지손가락이 정면을 향하게 손바닥을 전체적으로 옆으로 짚어서 기어간다. 손목 결합조직이 강해지면 점진적으로 손바닥을 정면으로 짚고 기어간다. 베어 워크를 할 때 손과 발에 반반씩 체중이 분배될 수 있도록 무게중심을 손 짚은 곳으로 잘 기울여야 한다. 상체 근력이 부족하면 손목과 어깨에 체중 싣는 것 자체가 힘들다. 기어갈 때 무릎이 몸 바깥쪽을 향하기보다는 무릎이 가슴에 닿는 방향으로 이동한다.

전문가가 아니라면 이 자세를 모두 지키며 움직일 수 없다. 보편적인 수련법은 등 위에 신발이나 사물을 올려놓고 목표 지점까지 떨어뜨리지 않고 네발 걷기로 이동하는 방법이다. 기초 네발 걷기가 익숙해졌다면, 조금씩 난이도를 올린다. 네발로 뒤로 걸어 보고, 옆으로 걸어 보고, S자로 사물을 지그재그 통과해 본다. 네발 걷기의 형태와 지지 기반을 다르게 해 다양한 네발 움직임을 수행하면 몸의 다방면에 자극을 줄 수 있다. 계단 위에서 네발 오르내리기, 레일 위에서 네발 움직임으로 균형잡기처럼 환경과 장애물에 따라 난이도를 달리한다.

킥 스로 워크 *(Kick Through Walk)*

킥 스로 워크는 정면 및 후면 슬링 시스템을 구성하는 근육의 근력 강화와 협응력, 가동성 향상에 탁월하다. 특히 파쿠르의 스텝 볼트 기술 향상과 연결된다. 장애물을 넘기 전 기초 체력

훈련으로 활용한다. 스텝 볼트는 파쿠르에서 가장 쉽고 간단한 동작이라 쉽게 습득하며, 활용도와 응용 방법이 다양해 숙련자도 가장 많이 사용한다.

킥 스로 워크는 크로울 자세에서 베어 워크를 이어가며 한쪽 팔을 열어 한쪽 다리로 몸통을 통과시켜 옆으로 쭉 밀어내는 동작이다. 지지하는 손과 발 사이의 간격은 몸통 길이만큼 넓게 잡아서 다리가 충분히 통과할 수 있도록 한다. 실제로 허리 높이 장애물을 극복하는 스텝 볼트 기술을 연습할 때, 입문자들이 장애물에 무릎을 부딪히거나 다리를 통과하지 못하는 가장 큰 이유는 바로 손과 발 사이의 간격을 넓게 잡지 않아 무게중심과 공간 만들기에 실패하기 때문이다. 마지막으로, 옆으로 뻗은 다리의 발목을 충분히 펴서 장애물을 넘었을 때 앞꿈치 착지가 가능하도록 준비한다. 팔로 밀어내는 힘과 코어 힘이 약한 사람은 다리의 방향이 반대편 다리쪽으로 가는 경우가 많은데, 발의 위치를 몸의 정 중앙에 위치시켜 전방 사선 시스템의 근육군을 최대한 활성화하면 바로잡을 수 있다.

킥 스로 워크도 베어 워크와 마찬가지로 다양하게 변주할 수 있다. 예를 들어 뒤로 걷거나, 발 높이를 최대한 높이거나, 거리 · 속도 · 리듬의 변화를 줘 난이도를 달리할 수 있다.

스트레들 로테이션(Straddle Rotation)

먼저 체조의 기본용어인 턱, 파이크, 스트레들을 이해할 필요가 있다.

턱(Tuck) 자세는 양쪽 무릎을 굽혀 최대한 가슴팍 가까이 붙인 동작을 말한다. 몸을 공처럼 최대한 둥글게 말아서 웅크리기 때문에 공중회전의 각속도를 만드는 데 매우 효율적이다. 따라서 턱 자세는 앞공중돌기, 뒤공중돌기, 사이드 플립 등 공중회전이 필요한 체조 동작에 필수적이다.

파이크(Pike)는 양쪽 무릎과 발목을 최대한 가까이 붙여 관절을 '편' 상태로 유지한 자세다. 파쿠르에서 대시 볼트 혹은 캐시 볼트 등 무릎을 펴서 장애물을 넘는 동작을 수행할 때 필요한 기본자세다.

스트레들은 양쪽 다리를 최대한 벌린 자세다. 다리 찢기에 필요한 내전근과 고관절의 가동성, 그리고 힘이 중요한 동작이다.

스트레들 로테이션은 처음에 손을 너무 멀리 짚으면, 몸을 회전할 때 양팔로 체중을 지탱하기 힘든 각도가 나온다. 또한 발을 내려, 앉은 자세로 돌아올 때 손과 발 사이가 너무 멀어져 일어서기 힘들다. 따라서 손은 발과 손 한 뼘 정도 거리로 가까이 짚는다. 엉덩이를 바닥에 닿은 상태로 뒤꿈치로 바닥

턱(Tuck)

파이크(Pike)

스트레들(Straddle)

스트레들 로테이션(Straddle Rotation)

을 쓸어내며 회전하는 단계부터 시작해서, 엉덩이를 떼고 스트레들 로테이션, 양발 뒤꿈치가 바닥에 닿지 않도록 코어 힘으로 몸을 띄워 스트레들 로테이션을 수행하는 단계까지 자신에게 맞는 난이도를 찾아 연습한다.

토 카트휠(*Toe Cartwheel*)

토 카트휠은 풀어서 말하면, '바닥에 앞꿈치 닿아 옆돌기'다. 옆돌기가 안 되거나 옆돌기 움직임 자세가 불안정할 때 기초를 탄탄하게 다지는 움직임이다. 토 카트휠은 카트휠 볼트, 턴 볼트, 팜 스핀과 월 스핀 등 회전이 필요한 파쿠르 기술뿐 아니라 아크로바틱의 기초다.

　토 카트휠은 뒤꿈치를 들어올려 쪼그려 앉은 자세에서 시작한다. 한쪽 뒤꿈치에 같은 방향의 손을 짚는다. 예를 들어 토 카트휠을 오른쪽 방향으로 실행한다면, 오른발 뒤꿈치 근처에 오른손을 짚는다. 몸을 회전시켜 오른손 옆에 왼손을 짚고, 이어서 무릎과 발목을 펴고 앞꿈치로 가볍게 바닥을 쓸면서 손 짚은 위치 가까이 발을 가져온다. 그러면 손과 발이 정

사각형 배치가 되는데, 이때 따라오는 마지막 오른다리를 한 번 더 180° 회전해 쪼그려 앉은 자세로 돌아온다.

자주 하는 실수는 스트레들 로테이션과 마찬가지로 처음에 손을 너무 멀리 짚는 것이다. 손이 발과 너무 멀면 토 카트휠에서 쪼그려 앉은 자세로 돌아올 때 무척 어색하다. 가능한 가까이 손을 짚자. 협응을 요구하는 복잡한 움직임일수록 천천히 움직이고, 움직임이 전체적으로 끊기지 않고 부드럽게 이어질 수 있도록 흐름에 집중하자.

토 카트휠의 난이도는 발을 바닥에서 점점 떼는 방향으로 높여 갈 수 있다. 바닥에서 5cm 높이로 발을 띄워 옆돌기하고, 다음에는 10cm, 15cm…. 최종적으로 옆으로 반듯한 옆돌기를 연습할 수 있다.

프로그 점프(Frog Jump)

프로그 점프는 엉덩관절의 굴곡과 외회전 가동성을 키울 뿐 아니라, 둔근 및 허벅지 근력 강화에 탁월하다. 따라서 프로

그 점프는 파쿠르에서 착지 및 점프 기술, 캣 패스와 같이 하체의 근력과 가동성이 필요한 기술에 도움을 준다.

프로그 점프는 '바운더(Bounder)' 패턴의 움직임이며, 액티브 스쿼트 자세에서 양손을 모아 바닥을 짚은 뒤 점프해서 손 짚은 곳보다 멀리 발을 배치하는 동작이다. 움직임이 마치 개구리처럼 지면을 뛰어가는 듯해 프로그 점프라 불린다. 프로그 점프는 손을 멀리 짚을수록 더 많은 거리를 도약해야 하고, 손목에 체중이 더 많이 실리기 때문에 난이도가 높아진다. 발목과 고관절의 유연성과 가동성이 제한된 입문자는 손 짚은 곳까지 양발을 끌어오기 어렵기 때문에 자기 몸에 맞게 위치를 조정해 연습한다. 착지할 때에는 무릎 관절에 충격을 최소화할 수 있도록 허벅지에 긴장을 유지하고 조심스럽게 앞꿈치로 착지한다.

캣·점프(Cat Jump)

프로그 점프가 익숙해지면 다음은 캣 점프다. 캣 점프는 프로그 점프와 달리, 어깨 넓이로 벌린 양팔 사이로 양쪽 다리를 모아 턱 자세로 가슴 가까이 끌어당겨 발을 모아 착지한다. 파쿠르 기술에 가장 중요한 네발 움직임 하나만 꼽으라면, 나는 캣 점프를 선택할 것이다. 그만큼 캣 점프는 여러 기술을 습득할 수 있는 문지기 같은 움직임이다.

캣 점프는 손 쓰임새가 정말 중요하다. 양손으로 지면을 짚을 때 팔굽혀펴기할 때의 손 모양처럼 양손으로 지면을 눌러 체중을 공중에 띄울 수 있어야 한다. 또한 양손으로 지면을 당겨서 양팔을 몸 뒤로 보내 몸 전체가 앞으로 나아가는 탄성을 만들어야 한다. 지면을 누르는 힘과 당기는 힘이 동시에 쓰여야 하기 때문에 입문자들이 가장 많이 어려움을 겪는다. 손을 제대로 쓰지 못하면, 양발을 턱 자세로 가져오기가 힘들다.

캣 점프에서 자주 벌어지는 실수는 손에 체중을 싣지 않고 바닥에 손만 댄 상태에서 제자리 점프하는 것이다. 캣 점프는 어깨를 손 짚은 곳보다 더 앞으로 기울이면서 도약이 이루어지기 때문에 손에 체중을 실어야 한다. 네발로 바닥을 기어 본 적이 없거나 팔굽혀펴기 동작 자체가 안 되면, 이 움직임을 이해하기 어렵다. 손 쓰임새를 신경 쓰기보다 손을 짚고 턱 자세로 발을 가져오는 움직임을 연습하면서 기본적인 근력과 움직임의 협응을 숙련시키자.

낙법(Roll)

영상 낙법 강좌

낙법은 위급한 상황에서 신체를 보호하고 높은 곳에서 부담 없이 뛰어내릴 수 있게 한다.

　낙법은 높은 곳에서 착지할 때 수직 낙하 충격 에너지를 구르기를 통해 전방 에너지로 전환하고, 지면에 닿는 몸의 표면적을 넓혀 충격량을 외부로 분산시킨다. 낙법은 타이밍이 중요하다. 지면에 닿는 즉시 굴러야 한다. 찰나의 멈춤은 착지에서 받은 충격을 몸에 그대로 전달한다.

　딱딱한 표면에서부터 부드러운 표면까지 모든 표면에서 활용할 수 있도록 연습해야 한다. 또한 구를 때 몸과 머리를 최대한 보호하도록 공처럼 둥그렇게 말아야 한다. 보통, 낙법을 연습하다가 뼈 돌출부가 지면에 닿아 어깨나 허리가 아플 때가 많다. 살과 근육이 바닥에 닿도록 몇 가지 핵심적인 기술을 익혀야 한다.

세자 롤(Seiza Roll)

어깨 통증 없이 낙법을 연습할 수 있는 기본자세다. 무릎 꿇고 앉은 자세에서 어깨를 지면에 붙이고, 고개는 지면에 닿지 않도록 반대편 어깨에 귀를 붙인다 생각하고 기울인다. 양발로 지면을 박차서 한쪽 어깨로 부드럽게 사선으로 구른다. 한쪽 어깨에서 반대편 엉덩이까지 사선으로 구르는 것을 이해해야 한다. 낙법을 이해하는 데 가장 중요한 방향이다.

앞구르기와 달리 낙법이 등을 타고 사선으로 구르는 이유는 척추를 보호하기 위해서다. 아스팔트나 콘크리트 바닥에서 척추 선을 따라 앞구르기를 하면 심각한 부상으로 이어지기 쉽다. 발로 지면을 박차 앞으로 향하는 가속도를 이용해 몸을 굴린다. 머리가 지면에 닿지 않도록 한쪽 어깨에 가까이 붙이는 동시에 반대쪽 어깨를 넘어 대각선으로 등을 지나가게 구른다. 어떤 상황에서도 머리가 땅에 닿아 구르면 안 된다.

힙 트위스트(Hip Twist)

낙법할 때 허리나 엉덩이 주변이 아프다면 힙 트위스트(골반틀기)를 반드시 연습해야 한다. 구를 때 어깨부터 사선으로 잘 굴렀다 하더라도, 골반틀기를 못하면 앞구르기처럼 양쪽 엉덩이가 바닥에 닿아서 허리가 아프기 때문이다. 먼저 지면에 누운 상태에서 다리를 십자가처럼 교차한 자세를 잡고, 골반을 한쪽 방향으로 틀면서 다리를 바닥 방향으로 반동을 줘서 착지한다. 안쪽 발은 발목을 반드시 굽혀야 앞꿈치로 착지할 수 있다. 그렇지 않으면, 낙법할 때 발등이 바닥에 닿는다. 야외 환경에서는 발등에 멍들기 십상이다. 힙 트위스트가 바르게 됐다면, 한쪽 엉덩이만 바닥에 닿아 있어야 한다.

세자 롤과 힙 트위스트를 합쳐서 낙법을 연습하자. 낙법할 때 몸의 한쪽이 앞으로 나와 있어야 한다. 더 편한 쪽을 선호하겠지만, 어떤 상황이 벌어질지 모르기 때문에 몸 양쪽으로 다 낙법할 수 있어야 한다. 어느 정도 익숙해졌다면, 무릎 꿇은 자세에서 낙법, 쪼그려 앉은 자세에서 낙법, 선 자세에서 낙법, 제자리 점프 후 낙법, 높은 곳에서 뛰어내린 후 낙법을 단계별로 연습한다.

엘보 롤(Elbow Roll)

팔꿈치를 지면에 대고 세자 롤과 동일하게 구른다. 지면에서 높이 차가 있는 어깨를 최대한 부드럽게 넘기는 방법이다.

스탠딩 롤(Standing Roll)

스탠딩 롤에서는 몸의 무게중심과 낙법을 자연스럽게 연결하는 방법을 터득해야 한다. 먼저 뒤꿈치를 들어올리고 무릎을 살짝 굽혀서 실제로 높은 곳에서 뛰어내렸을 때 충격을 흡수하는 자세를 취한다. 동시에 무게중심을 정면으로 기울이면 몸이 지면 가까이 쓰러지는데, 이때 양 손바닥이 바닥에 닿자마자 구른다.

턱 점프 롤 (Tuck Jump Roll)

턱 점프 롤에서는 지면에 앞꿈치로 착지하자마자 바로 낙법으로 연결하는 방법을 터득한다. 제자리 상태에서 양쪽 무릎을 가슴까지 모아서 점프한 뒤 지면에 발이 닿자마자 구른다.

계단에서 시작하는 착지와 점프

착지(Landing)

떨어지는 것과 뛰어내리는 것은 완전히 다른 결과를 부른다. 떨어지는 것은 자신의 몸을 통제하지 못한 상태이고, 뛰어내리는 것은 도약, 공중 자세, 착지 등 모든 과정을 통제한다는 뜻이다. 파쿠르할 때는 떨어지는 것이 아니라 뛰어내린다.

높은 곳에서 뛰어내릴 때 신체 정렬이 중요하다. 몸의 어딘가가 어긋나면 부상을 입기 쉽다. 예를 들어 무릎이 한쪽으로 치우친다거나 발이 몸의 중심으로부터 너무 멀리 나가면, 관절과 어긋난 부위 위아래로 충격이 가해진다. 몸은 상호 연결된 유기체다. 충격을 견뎌낼 때, 불필요한 에너지를 재분배할 수 있는 일련의 지렛대와 연결부위로 구성되어 있다.

착지할 때 좋은 신체 정렬은 양쪽 발이 무릎 선 아래에 있고, 엉덩이는 무릎 높이보다 위에 있는 자세다. 무엇보다도 무게중심을 몸 앞쪽으로 기울여야 발목, 무릎 등을 보호할 수 있다. 이렇게 하면 착지할 때 엉덩방아 찧는 사고를 예방하고, 상체를 앞으로 기울여 착지하자마자 양손으로 바닥을 짚어 충격을 분산시키거나, 필요하다면 낙법으로 연계할 수 있다.

신체 정렬이 온전하다면, 다음으로 준비할 것은 하체 근육과 결합조직을 강화하는 것이다. 사실 착지 기술은 전신 움직임이지만, 하체가 대부분의 충격을 흡수하기 때문에 하체 강화에 집중해야 한다. 좋은 착지는 좋은 기술과 체력 수준으로 결정된다. 모든 착지는 앞꿈치로 해야 한다.

거의 예외 없이, 착지할 때는 발가락과 발바닥이 만나는 앞꿈치로 착지해야 한다. 이 부분을 '착지 패드'라고 부르는데 발 중앙이나 뒤꿈치로 착지하면 발목과 무릎, 고관절로 이어지는 근육의 지렛대 작용을 사용할 수 없거나 적절한 충격을 흡수할 수 없어 무릎과 허리에 엄청난 충격이 전달된다. 앞꿈치로 착지하면 발에서 몸 전체로 연쇄적으로 충격을 흡수하고 분산시킨다. 또한 착지 시 균형 감각과 안정성을 향상할 수 있다.

떨어질 때 충격을 흡수하기 위해 더 많은 근육 및 근막, 결합조직을 사용한다면 충격을 몸 전체에 분산하고 그 영향을 상당히 줄일 수 있다. 단순히 한두 개의 고립된 근육이 아니라 근육과 결합조직을 연쇄적으로 사용하도록 연습해야 한다. 지면 반발력은 몸이 반응하는 속도보다 빠르게 발생하기 때문에 충격이 몸에 가해지기 직전에 착지에 필요한 기술적인 타이밍을 이해해야 한다. 착지 타이밍은 낮은 높이에서 착지 기술을 반복 연습하면서 숙련할 수 있다. 착지의 가장 중요한 원리는 충격량을 예상하고 충격을 흡수하도록 엉덩이, 무릎, 발목을 굽혀서 준비하는 것이다.

우리 몸은 대부분 고무줄처럼 탄성이 있는 구조다. 따라서 움직임에 긴장과 이완을 적절히 사용하면 충격을 잘 흡수하고 재분배할 수 있다. 벽돌과 고무공에 비유해 보자. 벽돌을 높은 곳에서 떨어뜨리면 충격으로 바닥에 부딪히면서 벽돌이 산산조각 난다. 반면에 고무공을 높은 곳에서 떨어뜨리면 공이 바닥에 닿을 때 순간적으로 압축되었다가 다시 튕겨서 충격이 재분배된다. 착지도 고무공처럼 몸의 탄성을 적극 활용할 줄 알아야 충격을 효율적으로 제어할 수 있다.

포워드 랜딩(Forward Landing)

영상 랜딩 강좌1

영상 랜딩 강좌2

포워드 랜딩은 가장 널리 사용하는 기초 착지 기술이다. 처음에 맨땅에서 가볍게 점프한 뒤 앞꿈치로 착지하면서 무게중심을 앞으로 기울인다. 양손으로 지면을 짚어 잔여 충격량을 분산하는 기술을 연습한다. 하지 근력이 약하거나 너무 높은 곳에서 뛰어내려 착지할 때, 충격량으로 엉덩이가 뒤꿈치 가까이 내려앉기 쉽다. 엉덩이 높이가 무너지면, 무릎에 많은 부담을 준다. 착지 시 허벅지 근육에 긴장을 유지해 엉덩이가 무너지지 않도록 한다. 충격량을 하체 근력만으로 견뎌내기 어렵다면 착지와 동시에 손바닥 전체를 이용한다. 두 다리와 두 팔로 충격을 분산하는 원리이다. 점프의 진행 방향이 앞으로 가는 러닝 점프, 제자리 점프는 무게중심을 앞에 두기 수월하나, 진행 방향이 몸 뒤에 있는 디스마운트(Dismount, 벽에 매달렸다가 뛰어내리는 동작) 같은 기술은 몸의 무게중심이 뒤로 쏠리기 때문에 신경 써서 상체를 앞으로 기울여야 한다.

포워드 랜딩을 연습할 때 착지의 질을 높일 수 있는 몇 가지 방법이 있다.

첫째, 착지할 때 소리를 최소화해 착지한다. 소리가 크면 클수록 충격을 제어하지 못했다는 뜻이다. 착지 연습할 때 소리를 내지 않으려 노력하면 자연스럽게 착지에 필요한 몸의 리듬과 템포, 긴장을 찾을 수 있다.

둘째, 착지할 때 작용-반작용으로 발생하는 지면 반발력을 활용한다. 쉽게 말해 앞꿈치가 바닥에 닿을 때 바닥에서 느껴지는 반동에 저항해 버텨 보기도 하고, 흘려보낼 줄도 알아야 한다. 지면 반발력을 버티는 연습은 착지한 지점에서 최대한 균형을 잡는 것이다. 지면 반발력을 흘려보내는 방법은 착지하자마자 발생하는 탄성을 네발 움직임이나 볼트 기술로 연결하는 것이다.

마지막으로 다양한 상황과 움직임에서 연습한다. 벽에 매달려 있을 때 뛰어내려 착지하기, 270° 회전해 착지하기, 옆으로 점프해서 착지하기 등이 있다.

점프(Jump)

프리시전 점프(Precision Jump)

좋은 점프는 효율적인 상하체의 협응과 기술 숙련도, 안정적인 도약과 착지, 점프력을 제어할 수 있는 힘이 필요하다. 특히 이런 요소들을 통합시켜 연습할 수 있도록 멀고 어려운 점프보다 작은 점프를 반복하는 것이 핵심이다. 안전하게 연습할 수 있는 범주의 점프를 반복적으로 연습하면서 신체적·기술적·심리적 완성도를 높일 수 있다. 육상의 멀리뛰기처럼 얼마나 더 멀리, 더 높이 점프하는지는 중요하지 않다. 거리나 높이보다 정확한 자세와 착지에 집중해 기술적인 숙련도를 높이는 것이 중요하다. 파쿠르는 주로 야외에서 연습이 이루어지다 보니 간단한 태도의 차이가 안전 문제와 직결된다.

추천하는 프리시전 점프 연습 장소는 아파트 단지나 동네 어디든 흔한 주차장 방지턱이다. 폭이나 넓이도 적절한데다 방지턱끼리 적절한 간격으로 배치되어 있다. 프리시전 점프 기초를 다질 수 있는 최고의 연습 도구다. 이외에도 학교, 공원, 길거리에서 쉽게 찾을 수 있는 화단 가장자리 낮은 턱, 자동차가 인도로 들어오지 못하게 세워 놓은 열주 등 불필요한 위험을 줄이고 자세에 집중할 수 있는 환경을 찾아 연습하자.

프리시전 점프의 앞꿈치 균형 감각을 효율적으로 향상시키는 연습 방법을 소개한다. 젠가 나무 블록을 이용해서 네 가지 난이도의 게임을 진행한다. 가장 쉬운 난이도는 젠가 블록 네 개로 이루어진 착지점이다. 넓이가 있어 몇 번 연습해 보면 앞꿈치로 균형 잡아 착지할 수 있다. 다음 단계는 젠가 블록 세 개, 그 다음은 두 개, 마지막은 한 개에 착지한다. 연속 3회 성공했을 때 다음 단계로 넘어간다. 만약 한 번이라도 착지를 실패하면 젠가 네 개짜리가 있는 첫 단계로 다시 돌아와 연습한다.

❶ 젠가 블록 위에 앞꿈치로 착지한다. 발 중앙 혹은 뒤꿈치로 착지할 경우 실패. 앞꿈치로 착지한다 하더라도 뒤꿈치가 바닥에 닿으면 실패.

❷ 착지 후 반드시 균형을 유지한다. 몸이 앞으로 쏠려 착지한 발을 옮기거나 무게중심이 뒤로 쏠려 균형을 잃을 경우 실패.

❸ 무릎을 굽혀 무게중심을 지면 가까이 유지해 착지한다. 즉, 앞꿈치로 착지했더라도 서서 착지하면 실패.

스탠딩 프리시전(*Standing Precision*)

영상 미끄러운
곳에서 프리시전
점프 팁

제자리멀리뛰기를 했다면 스탠딩 프리시전을 쉽게 이해할 수 있다. 다만 제자리멀리뛰기는 안전한 착지보다 멀리 뛰는 거리를 중요시한다면, 파쿠르에서 거리는 중요하지 않다. 점프의 안정적인 착지와 균형이 핵심이다.

점프하기 전에 반드시 도약 지점과 착지 지점의 안전을 확인한다. 특히 먼지와 물에 의해 미끄러지지 않는지, 체중을 버틸 수 있을 만큼 견고한지, 주변에 부딪힐 만한 사물이나 유리, 못 등이 없는지 잘 살핀다. 점프하기 전에 반드시 자신의 신체 능력을 맨땅에서 시험한다. 점프 거리를 자신의 발치수로 얼마나 점프할 수 있는지 재고, 물리적으로 실현 가능한지 객관적으로 측정할 필요가 있다. 대부분의 파쿠르 수련자들은 자신이 얼마나 뛸 수 있는지 발 수를 정확하게 기억한다. 또한 만약의 실패에 대비한다. 점프가 부족해 뒤로 떨어질 경우 어떻게 몸을 보호할지, 혹은 점프가 남아서 앞으로 떨어질 경우 착지할 만한 높이인지, 다른 대안이 있는지 등을 살핀다.

• **도약** 시선은 착지할 곳을 본다. 도약을 준비할 때 앞꿈치를 모서리에 걸쳐서 뛰면, 지면 반발력을 향상시킬 수 있어서 점프에 탄성을 받기 더 수월하다. 무엇보다도 도약할 때 미끄러지는 사고를 예방할 수 있다. 도약 준비가 됐다면, 몸의 중심을 앞으로 기울이면서 양팔을 몸 뒤로 뻗는 동시에 자세를 낮추어 용수철처럼 튀어 나갈 준비를 한다. 이제 몸 뒤로 뻗었던 양팔을 강하게 앞으로 치면서 발가락 끝으로 모

서리를 눌러 도약한다. 여기서 가장 중요한 점은 양쪽 팔을 먼저 앞으로 보내고 나서 다리를 도약하는 것이다. 많은 사람이 점프를 시도할 때 하체만을 생각하지만, 점프의 높이와 방향은 상체(어깨, 팔)의 쓰임에서 생긴다.

- **공중** 도약 지점에서 양발을 떼면서 동시에 순발력을 활용해 양쪽 무릎을 가슴팍으로 강하게 끌어올린다. 이때 공중에 떠 있는 몸의 균형을 위해 앞으로 뻗었던 팔을 몸 뒤로 보내고, 착지 지점에 미리 양발을 앞으로 뻗는다.

- **착지** 앞꿈치로 정확하게 착지하면서 앞으로 쏠리는 몸의 탄성을 하체 근력으로 버틴다. 또한 몸 뒤에 있던 양쪽 팔을 몸 앞으로 가져와 몸이 반동에 흔들리지 않도록 균형을 유지한다

실패 대응 기술 1: 크레인 점프(Crane Jump)

크레인 점프는 프리시전 점프를 한 번에 해내기에 확신이 서지 않을 때 시험 삼아 자주 활용하는 기술이다. 점프 시 생각보다 거리가 멀거나 두려움 때문에 공중에서 자세를 풀 경우, 크레인 기술을 통해 몸을 보호하고 위험을 대비할 수 있다.

제자리 점프와 러닝 점프 모두 크레인으로 연결 가능하며, 공중에서 한쪽 다리를 앞으로 뻗어 장애물 위에 착지한다. 이때 반대편 손을 장애물 위에 얹어 몸의 무게중심을 잡고, 뒤따라오는 다리는 장애물에 무릎을 부딪힐 수 있으므로 반드시 벽면에 앞꿈치를 착지해 무릎이 닿지 않도록 한다.

계속 점프를 시도하면서 크레인 기술의 뒷발 높이를 점점 높이면, 마침내 양쪽 발을 목표 지점에 착지시켜 점프를 완성할 수 있다.

실패 대응 기술 2: 바운스 오프(Bounce Off)

점프 거리가 멀다고 느껴지거나, 성공할지 긴가민가할 때 활용하는 기술이다. 착지 후 떨어질 때 높이가 부담스럽지 않다면, 체중을 뒤에 두고 양발을 앞으로 뻗는다. 착지할 모서리나 벽에 양발 앞꿈치로 착지한 후, 탄성을 활용해서 다리를 재빨리 뒤로 빼 무게중심을 유지해 바닥에 안전하게 착지하는 기술이다.

모서리에 뒤꿈치로 착지할 경우, 높은 확률로 몸이 뒤로 미끄러져 엉덩이, 허리, 머리 등에 낙상 사고가 발생할 수 있으니 반드시 앞꿈치 착지가 숙련된 상태에서 시도해야 한다. 또한 발목을 굽혀 장애물에 착지할 경우, 심각한 발목 염좌가 발생할 수 있으니 충격을 흡수할 충분한 발목의 여유 가동범위를 확보해 착지한다.

난간에서 시작하는 균형잡기와 넘어가기

밸런스(Balance)

균형이란 근력을 이용해 중력을 극복하고 신체의 무게중심과 자세를 유지하는 능력을 말한다. 균형은 모든 신체 움직임에서 중요한 역할을 수행하는데, 파쿠르에서 균형 감각은 더욱 정확하고 정밀한 기술 수행과 움직임의 안정성, 두려움 앞에서 평정심을 유지할 수 있는 정신력과 관련이 깊다. 파쿠르의 균형 기술은 장애물의 굵기, 넓이, 강도, 자세에 따라 난이도가 달라진다.

균형 기술을 연습할 때 막연하게 최대한 많이 시도하면 할수록 자연스럽게 실력이 늘 것이라고 생각하기 쉽다. 부분적으로만 옳다. 균형을 효과적으로 향상하기 위해서는 시도 횟수보다 실제로 균형 잡는 상황에 자신의 신체를 최대한 노출하는 것이 중요하다. 즉 어려운 난이도에서 100회 시도하는 것보다, 적어도 30초 이상 균형을 잡을 수 있는 난이도에서 균형을 실제로 잡는 '시간'을 늘리는 것이 효과적이다.

외발 균형잡기

외발 균형잡기는 레일 워크 기술을 수행하기 위한 기초적인 균형 트레이닝이다. 특히 우리 몸의 좌우 균형 감각을 향상시키는 것이 목표다. 왼발, 오른발 둘 다 수련하며, 초급자는 10초 균형잡기에서 시작해 숙련되면 5분 이상 외발로 균형을 잡을 수 있다.

균형에는 심리적인 요인이 크게 작용한다. 보통 사람들은 레일의 높이가 30cm도 되지 않는다면 손쉽게 레일 위를 균형 잡아 걸어다닌다(이완의 상태). 하지만 2m 이상으로 높아지면 어려움을 느낀다(긴장의 상태). 스스로 '균형을 잡아야만 해'라고 인식하는 순간 온몸에 긴장이 생기고, 긴장으로 몸이 떨리고, 몸이 떨리면서 균형잡기가 어려워진다.

마음의 평정심은 호흡과 함께 몸을 이완시키는 연습으로 얻을 수 있다. 코로 들숨에 자신감을 들이마시고, 입으로 내쉴 때에는 두려움과 긴장을 내뱉는다.

더 얇은 곳, 더 흔들리는 곳, 레일 피스톨,[*] 캣 워크 등 균형 잡아야 할 장애물의 성질과 동작에 따라 난이도를 높일 수 있다. 난간 위에 올라서서 균형을 잡을 때는 엄지발가락과 검지발가락 사이를 중심으로 레일을 위치시켜서 뒤꿈치까지 일자 정렬한다. 시선은 자신의 위치에서 1~2m 거리의 레일 앞을 보되, 안정적인 신체 정렬을 위해 고개는 들고 시선을 살짝 내려 자신의 발이 보일 정도를 유지한다.

레일 위에 올라섰을 때 우리 몸은 앞뒤 방향으로 흔들리지 않고 좌우 방향으로 흔들리는데, 이때 좌우 방향의 균형 역할을 수행하는 것은 양쪽의 팔과 공중에 띄운 한쪽 다리다. 몸이 왼편으로 쏠리면 양팔과 한쪽 다리를 오른편으로 기울여

---

[*] 레일 싱글레그 스쿼트로도 불리는 이 동작은 얇은 난간 위에서 한 다리로 무릎을 굽혀 내려갔다가 다시 올라오는 동작이다. 자신의 체중을 한 다리로 버텨야 하므로 상당한 근력과 가동성이 필요한 고난도 동작이다.

무게중심을 맞춘다. 몸이 오른편으로 쏠리면 반대로 수행한다. 팔과 다리의 움직임을 활용해 균형 잡는 목적은 기저면을 넓혀 균형을 더욱 수월하게 잡기 위해서다. 기저면은 지면에 닿는 신체 면적을 뜻한다. 기저면이 좁을수록 무게중심점은 높아지고 불안정해진다. 반대로 기저면이 넓을수록 무게중심은 낮아지고 안정성이 높아진다.

크라우치 밸런스(Crouch Balance)

영상 제로부터
시작하는 균형잡기

크라우치 밸런스는 엉덩관절과 발목의 가동성이 좋을수록 균형잡기가 쉽다. 한 발씩 난간 위에 발을 올리는 연습 방법이다. 양손으로 난간을 잡은 뒤 손 바깥쪽으로 한 발을 난간 위에 얹는다. 이어서 무게중심을 천천히 앞으로 옮기면서 나머지 발을 천천히 난간 위에 올린다. 양발 넓이는 어깨 넓이 안에서 편한 대로 놓고, 앞꿈치로 균형을 잡는다. 양팔과 발뒤꿈치 높낮이, 엉덩이 높낮이, 허리 펴기/굽히기 등으로 체중을 조정해 몸의 앞뒤 균형을 잡는다. 체중이 앞으로 쏠리는 상황은 뒤꿈치를 너무 높이 들어올렸을 때, 엉덩이를 높이 들어올렸을 때, 허리를 앞으로 숙였을 때다. 반대로 체중이 뒤로 쏠리는 상황은 뒤꿈치를 너무 낮추었을 때, 엉덩이를 뒤로 뺐을 때, 허리를 너무 폈을 때다. 내 몸을 일일이 관찰하고 통제하려 하기보다는 반복 연습하면서 앞이나 뒤로 떨어지지 않으려고 노력한다. 적어도 60초 이상 균형을 잡을 수 있다면, 양손으로 난간을 잡은 상태에서 점프해 두 발을 동시에 난간 위에 올려놓는 단계를 연습한다.

5~10초 정도 균형을 잡은 뒤 난간에서 양손을 떼고 스쿼트 자세로 균형을 유지한다. 난간 위에 쭈그려 앉아 균형이 잡혔다면 난간 위에 일어섰다가 다시 앉는다. 즉, 스쿼트 밸런스는 양발 모아 쭈그려 앉아 균형을 잡은 상태나 크라우치 밸런스 상태에서 완전히 선 자세로 일어서서 균형을 잡고 다시 앉기를 반복하는 동적 균형 훈련이다. 얇은 난간 위에서 프리시전 점프 균형잡기 성공률을 높이는 데 큰 도움이 된다.

볼트(Vault)

볼트는 주로 가슴보다 낮은 장애물을 육상의 허들넘기처럼 신속하게 양손 또는 한손을 짚고 장애물을 빠르게 통과하는 기술이다. 볼트는 낮은 벽, 난간, 책상, 쓰러진 나무 등 흔들리 거나 미끄럽지 않은 견고한 허리 높이의 모든 물체를 활용한다. 볼트 동작은 수많은 변화를 줄 수 있다. 대부분 상황에 따라 사용할 수 있지만, 공통된 규칙이 있다.

• **접근** 가속도를 잃지 않고 장애물에 접근하는 것이 핵심이다. 접근 단계에는 달리기와 볼트 기술이 하나의 동작으로

연결되도록 연습하는 것이 중요하다. 특히 장애물을 넘기 직전 마지막 도약의 힘과 추진력은 접근 단계에서 얻은 달리기가 많은 영향을 준다.

- **도약** 장애물 가까이에서 도약하는 것은 정강이나 무릎을 부딪힐 수 있어 매우 위험하다. 반대로 장애물에서 멀리 떨어진 곳에서 도약하거나 긴 장애물을 한 번에 극복하는 것을 다이브(Dive)라 한다. 모든 볼트 기술의 도약은 한발 도약, 모둠발 도약, 짝발 도약 이렇게 세 종류가 있는데, 다양한 지형지물을 극복하려면 세 가지 도약 방법을 모두 할 수 있어야 한다.

- **통과하기** 기술과 지형지물에 따라 장애물을 짚는 손의 위치와 모양, 넘어오는 하체의 자세, 장애물을 통과할 때 몸의 높낮이와 방향 등을 고려해야 한다.

- **빠지기** 장애물을 통과한 뒤 착지에는 모둠발 착지와 짝발 착지가 있다. 모둠발 착지는 낙법, 제자리 점프, 제자리 캣리프 등을 연결할 때 유용하다. 짝발 착지는 러닝 점프, 볼트 기술 등을 연계할 때 유용하다. 움직임의 흐름을 고려해 장애물을 빠른 속도로 부드럽게 넘으려면 위 네 가지 단계를 숙련해야 한다. 대체로 볼트 기술은 하지의 5근력과 높은 순발력이 필요하다.

스텝 볼트(Step Vault)

영상 스텝 볼트
강좌1

영상 스텝 볼트
강좌2

스텝 볼트는 모든 볼트 기술 중 가장 따라 하기 쉽고 안전한 기술이다. 장애물에 발을 딛고 반대쪽 팔을 사용(대측 패턴)해 장애물을 넘는 동작이다. 장애물을 딛고 신체를 지지하는 구조가 손과 발, 이렇게 두 개이기 때문에 매우 안정적으로 장애물을 넘을 수 있어 일상에서도 자주 활용한다.

처음에는 맨땅에서 스텝 볼트 동작을 연습해 기본적인 체중 이동과 균형 감각, 협응성을 익힌다. 대표적으로 네발 움직임의 킥 스로 워크 동작이 있다. 그 뒤 낮은 장애물을 찾아 제자리에서 양손으로 장애물을 짚고 한쪽 다리를 장애물 위에 올려 가볍게 넘는 연습을 한다.

다음 단계로 제자리 도약을 추가해 스텝 볼트를 연결하는 연습을 하고, 걷기 및 달리기와도 연계해 스텝 볼트를 연습한다. 더 높은 난이도는 멀리서 달려오면서 도약해 장애물 위에 발부터 착지한 뒤 손을 짚고 스텝 볼트를 연계하는 단계다.

스텝 볼트에서 자주 하는 실수는 체중을 손목이 아니라 발에 싣는 것이다. 특히 팔굽혀펴기처럼 손바닥 혹은 손목에 체중을 실어야만 하는 근력 운동 경험이 부족하거나, 고관절 가동성에 제한이 많을 때 이런 현상이 자주 나타난다. 체중을 손으로 기울이고 손과 발 사이 간격을 좀 더 넓히면 가볍게 해결할 수 있다. 장애물을 짚은 손과 발 사이의 거리가 좁으면 넘어가야 할 다리를 통과시키기 어렵다. 손과 발 사이를 넉넉하고 넓게 짚어야 한다. 손목 결합조직이 약하면 손목이 아픈데, 이 경우 엄지손가락이 정면을 보도록 손바닥을 옆으로 짚으면 손목 부담을 덜 수 있다. 다만 임시방편이며, 결국 장기적인 관점에서 손목 강화 운동으로 손목 결합조직을 강화해야 한다.

스피드 볼트(*Speed Vault*)

영상 **스피드 볼트** 강좌

스피드 볼트는 볼트 기술 중 가장 빠르게 장애물을 넘을 수 있는 기술이다. 스피드 볼트는 스텝 볼트와 매우 유사하지만, 장애물에 더 빠른 가속도로 접근하면서 장애물 위에 발을 딛지 않고 통과한다. 스피

드 볼트는 허들을 넘는 방식과 동일하다. 도약 후 몸이 공중에 떴을 때 한손으로 가볍게 장애물을 짚고 넘어간다. 스피드 볼트는 도약 발과 착지 발이 같다는 특징이 있다. 오른발로 도약했으면, 장애물을 통과하고 나서 오른발이 먼저 땅에 착지한다. 모든 볼트 기술의 핵심으로, 몸 전체가 최대한 장애물 위에 닿을 듯 말 듯 지나가야 속도를 가장 효과적으로 유지하고 장애물을 극복하는 시간을 단축할 수 있다.

턴 볼트(Turn Vault)

턴 볼트는 높은 곳에서 내려갈 때 필수로 숙지해야 할 기술이다. 턴 볼트는 높은 곳의 난간 반대편으로 매달리는 기술로, 높은 곳에서 뛰어내려 할 상황에서 낙하 높이를 낮추는 매우 실용적인 기술이다. 난간 반대편에 매달린 뒤 높이가 높지 않다면 한 번에 뛰어내릴 수 있고, 한 번에 뛰어내리기에 너무 높다면 벽면을 타고 내려올 수 있다. 턴 볼트의 움직임 패턴에 익숙해지면, 몸을 회전하는 운동 제어 능력이 높아져 팜 스핀, 월 스핀 기술을 시도할 수 있다.

명심해야 할 점은 손을 엇갈려 잡아 반대편 난간에 매달렸을 때 손목이 꺾이지 않도록 하는 것이다. 그래야 착지할 때 몸에 실리는 반동을 통제하기 쉽다. 미끄러지더라도 양손으로 난간을 잡고 있기 때문에 낙상 사고를 예방할 수 있다.

장애물을 짚은 손이 전체적인 몸 회전의 중심축인데, 중심축으로부터 멀리 몸을 회전시킬수록 반대편 난간에 매달릴 때 따라오는 반동을 통제하기 어렵다. 턴 볼트의 핵심은 팔을 중심으로 한 회전축에 최대한 전신을 가까이 밀착해 돌아야 안정적으로 반대편 난간에 매달릴 수 있다.

캣 패스 / 콩 볼트*(Cat Pass / Kong Vault)*

양팔 사이로 다리를 통과시키는 캣 패스는 볼트의 꽃이라 불릴 정도로 파쿠르에 상징적인 기술이다. 불어로 'Saut de Chat', 즉 '고양이 점프'라 불린다. 영미권에서는 몽키 볼트 혹은 콩 볼트라 불린다. 콩 볼트는 긴 양팔 사이로 다리를 넘겨 걷는 모습이 킹콩과 닮았다고 해서 따왔다.

장애물에 접근할 때는 뒤꿈치 주법* 달리기로 도약까지 가속도를 얻는다. 특히 도약과 통과 단계까지 수월하게 연결

★ 뒤꿈치 주법(heel strike)은 뒤꿈치부터 지면에 닿아 달리는 주법이다. 지면에 닿는 발바닥의 표면적이 넓어서 장애물을 수월하게 넘을 수 있는 추진력을 얻기 좋다.

하기 위해서는 접근 단계에서 장애물의 높이와 자신의 어깨 높이를 맞추면 매우 효과적이다. 다시 말해, 자세를 낮춰 달려야 도약 단계에서 더 많은 탄성을 얻는다.

도약은 모둠발 도약, 짝발 도약 두 종류다. 일반적으로 짝발 도약을 집중적으로 연습한다. 복잡한 협응성을 요구하는 짝발 도약을 연습하면 모둠발 도약도 자연스럽게 할 수 있기 때문이다. 좋은 도약은 짝발 스텝과 뒤에서 앞으로 휘두르는 팔의 리듬이 맞아야 한다.

통과 단계에서는 양손으로 장애물을 당기는 동시에 눌러서, 떠오르는 하체가 장애물을 통과하도록 공간을 마련한다. 양쪽 무릎을 가슴팍까지 끌어당기는 턱 점프 자세를 유지하면서 착지를 준비한다. 지형지물의 여건과 다음 기술을 연계할 동작이 어떤 것이냐에 따라 모둠발 혹은 짝발 착지를 결

캣 점프

정한다.

입문자들이 캣 패스를 연습할 때 가장 어려워하는 부분은 장애물 위에 양팔 사이로 다리를 집어넣는 구간이다. 개개인 마다 다양한 문제점이 나타나는데, 크게 가동 범위의 제한, 부족한 신체 협응, 두려움으로 나눌 수 있다. 신체 협응을 해결하기 위한 연습 단계로 네발 움직임에 '캣 점프'가 있다. 지면에 양손을 짚고 강하게 도약하면서 양발을 양손이 있던 위치에 착지하는 것이다. 이때 바닥을 짚은 손을 떼서 양발이 양팔 사이를 통과해 앞으로 나아갈 충분한 가동 범위를 확보하는 것이 중요하다. 보통 장애물 위에서 손을 떼는 타이밍을 놓쳐 양쪽 정강이를 장애물 모서리에 부딪히는 위험이 있으므로, 맨바닥에서 캣 점프부터 연습하는 것을 추천한다.

래터럴 볼트(Lateral Vault)

래터럴(Lateral)이란 '옆으로'라는 뜻이다. 대부분의 파쿠르 기술이 정면으로 장애물을 통과하는 기술인 반면, 래터럴 볼트는 직선으로 달리다가 옆으로 빠지거나 방향 전환을 해야 할 때 자주 활용된다. 래터럴 볼트에는 크게 두 가지 기술이 있다. 바로 레이지 볼트와 시프 볼트다. 겉으로 보기에는 똑같은 기술처럼 보이지만, 도약할 때 다리의 쓰임에서 큰 차이가 있다.

• **레이지 볼트(Lazy Vault)** 레이지 볼트는 모든 볼트 기술 가운

데 가장 힘을 덜 쓰기 때문에 '게으른 볼트'란
별명이 붙었다. 그만큼 입문자들도 연습 순서
를 잘 따라오면 누구나 쉽게 할 수 있다.

영상 레이지 볼트
강좌

먼저 허리 높이의 장애물을 찾는다. 한 손을 장애물 위에
두고 다리를 천천히 넘기면서 뒷손으로 몸을 받친다. 이 동
작이 익숙해지면 여기에 도약을 추가한다. 안쪽 다리는 충
분히 위로 반동을 주고, 바깥쪽 발은 지면을 박차서 도약하
는 힘을 얻는다. 이 원리를 이용해서 안쪽 다리는 장애물
위에 올리고, 반대편 다리가 따라 올라오면서 뒷손으로 엉
덩이를 받치며 넘어간다. 동작에 대한 이해와 자신감이 생

기면 과감하게 도약한 뒤 무릎을 가슴 가까이 붙여 장애물을 넘는다.

여기서 주의해야 할 사항이 있다. 뒷손을 잡을 틈도 없이 몸 전체가 장애물을 넘어가는 경우다. 이럴 때 골반과 엉덩이를 앞으로 내밀어야 뒷손으로 몸을 지지하기가 편하다. 쉽게 말해, 체중을 앞이 아니라 뒤에 실어야 자연스럽게 양손으로 몸을 받칠 수 있다. 레이지 볼트를 하다가 손바닥이나 손목이 아플 때가 있다. 엉덩이가 장애물보다 너무 높이 뜨면, 뒤에 손을 짚을 때 손목에 많은 충격이 가기 때문이다. 도약할 때 위로만 점프하는 것이 아니라 옆으로 넘어가는 진행 방향을 신경 써서 장애물 높이에 스칠 듯 말 듯 부드럽게 넘기면 해결된다.

추가적인 팁으로, 장애물을 정면이 아니라 옆면 혹은 사선에서 출발해야 더 쉽게 넘을 수 있다. 처음에는 제자리에서 연습하다가 동작이 숙련되면, 장애물과 거리를 넓혀 스텝을 추가해서 가볍게 달리면서 레이지 볼트를 연결하면 좋다.

• **시프 볼트(Thief Vault)** 시프 볼트는 보기에 레이지 볼트와 유사하나, 안쪽 발을 도약하고 바깥쪽 다리 먼저 장애물 위

로 넘긴다는 점에서 차이가 있다. 시프 볼트는 도약 거리가 부족하거나 발을 디딜 공간이 좁아도 장애물을 넘을 수 있어 매우 유용하다. 또한 달려오는 탄성을 잘 살릴 수 있어 장애물을 넘은 뒤 몸을 멀리 보내는 데 유용하다.

처음에 바깥쪽 다리를 먼저 차올려 장애물 위에 스텝 볼트 자세를 취한 뒤 안쪽 다리를 통과시킨다. 바깥쪽 다리 먼저 착지한 뒤 안쪽 발이 따라온다. 안쪽 다리를 몸 뒤로 접으면 장애물에 걸리지 않고 넘을 수 있다.

대시 볼트(Dash Vault)

대시 볼트는 러닝 점프와 같이 장애물을 향해 달려서 얻은 탄성으로 한 발 도약한 뒤, 몸의 무게중심을 엉덩이 뒤쪽으로 두어 양손으로 장애물을 짚고 양다리를 정면으로 쭉 뻗어 장애물을 통과하는 기술이다. 기술 특성상 장요근과 햄스트링

의 가동성이 대시 볼트의 높이를 결정한다.

먼저 러닝 점프로 장애물 위 양발 착지를 연습한다. 러닝 점프로 장애물 위에 양발 착지한 후 양손을 몸 뒤에 짚어 다리를 앞으로 빼면서 장애물에서 내려온다. 이 동작이 익숙해지면 러닝 점프로 장애물 위에 한 발 착지 후(이때 발을 통과하기 쉽게 뒤꿈치로 착지한다) 몸의 무게중심을 뒤로 두면서 양손으로 장애물을 짚고 내려온다. 러닝 점프로 장애물에 발이 닿지 않고 몸을 뒤로 살짝 눕혀 양손으로 장애물을 짚으면서 몸을 통과하면, 대시 볼트 기술이 완성된다.

대시 볼트는 손목과 팔꿈치에 충격이 많이 가기 때문에 다음 사항에 유의해야 한다. 첫째, 장애물 높이보다 너무 높이 도약하면 장애물 위를 통과할 때 짚는 손목에 충격이 많이 간다. 손목의 충격을 줄이는 방법은 대시 볼트의 높이를 장애물 높이에 맞춰 부드럽게 통과하는 것이다. 대시 볼트로 장애물 위를 손으로 짚을 때 팔꿈치를 조금 굽힌 상태로 짚어야, 팔이 몸의 충격을 완충하는 가동 범위가 확보된다.

벽에서
시작하는
클라이밍 기초

틱택(Tic-Tac)

틱택은 경사로, 나무, 벽면 등을 강하게 발로 밟아 몸을 띄워
장애물을 극복하는 기술이다. 성룡의 액션이나 영화 〈매트릭
스(Matrix)〉의 한 장면처럼 중력을 거스르고 벽면을 달려가
는 호리즌탈 월 런(Horizontal Wall run)을 위한 기초 기술이

다. 틱택 뒤에 프리시전 점프, 캣 리프, 볼트 등으로 연계가 가능하다. 특히 레일이나 얇은 지형지물에서 틱택을 한다면, 미끄러지거나 실족 사고가 나지 않도록 정확한 발배치 능력이 필요하다.

틱택을 연습할 때는 벽이나 장애물에 너무 가까이 접근해서는 안 된다. 그러면 도약할 공간이 적어 벽을 발로 차 내기 어렵고, 차 내더라도 발의 위치가 낮아 미끄러지기 쉽다. 반대로 벽에서 너무 멀리 도약하면 벽을 차 내는 힘을 받기가 어렵다. 반복연습을 통해서 자신에게 알맞은 벽과의 거리를 찾아야 한다. 벽을 차는 발의 높이도 중요한데, 너무 낮으면 미끄러지고 너무 높으면 몸을 앞으로 혹은 위로 띄우는 추진력을 받기 어렵다. 일반적으로 일정한 보폭으로 빠르게 달릴 때 자신의 보폭만큼 벽을 발로 짚으면 좋은 추진력과 함께 점프력을 얻을 수 있다. 벽을 차자마자 몸을 가고 싶은 방향으로 재빨리 틀어야 한다. 미리 착지 지점을 바라보면, 자연스럽게 몸을 기울인 상태로 벽을 미끄러지지 않고 밀어낼 수 있다. 벽을 발로 밀어내고 나서는 무릎을 최대한 가슴에 가까이 붙여 더 높이, 더 멀리 점프한다.

틱택은 벽을 한 번만 차지만, 더 높이 또는 더 멀리 가기 위해서 장애물 위에 두 번 혹은 그 이상을 차기도 한다. 보편적으로 사용되는 두 번 밟기(two-step)는 벽이나 장애물에서 틱택을 하고, 180° 돌아 바로 뒤에 있는 장애물로 가는 것이다. 두 번 스텝을 밟으면 미는 벽에서부터 더 높이 뛸 수 있다. 만약 공간이 한정적이면, 더 많은 스텝을 밟아 달리기를 활용해 작은 공간에서도 가속도를 만들어 낼 수 있다. 수직으로 된 지면에서 여러 스텝을 밟으려면 몸의 위치가 똑바로 서야 하고, 스텝이 민첩해야 한다. 숙달되면 중력을 거스르고 벽면을 따라 뛰는 것처럼 보인다.

월 런(Wall Run)

월 런은 자신의 키보다 높은 벽을 효과적으로 올라가는 기술이다. 벽으로 접근할 때, 일정한 보폭과 속도를 유지해서 얻은 탄성으로 벽을 발로 디뎌 몸을 수직 상승시키는 것이 핵심이다. 몸을 수직으로 띄우고 나서 벽 끝을 손으로 잡아 상

체의 힘으로 당기기, 전환하기, 밀기를 사용해 벽을 올라가면
월 런이 완성된다.

• **접근** 벽을 향해 접근할 때 안정적이고 넓은 보폭으로 가는
  것은 매우 중요하다. 가까이 가서 머뭇거리거나 좁은 스텝
  으로 접근하면 가속도가 줄어 벽을 발로 밟아 몸을 위로
  띄울 힘이 부족해진다. 제일 중요한 스텝은 벽을 밟는 스텝
  과 벽을 발로 밟기 전 바로 마지막 스텝이다. 이 두 스텝은
  적절한 거리와 높이, 그리고 최대한 폭발적인 순발력을 활
  용해야 한다. 예를 들어, 벽을 밟을 때 발 높이가 너무 낮으
  면 미끄러지면서 무릎을 벽에 부딪힐 위험이 있다. 반면에
  벽을 너무 높은 위치로 밟으면 몸이 위로 수직 상승하는
  것이 아니라, 몸이 벽으로부터 뒤로 멀어진다. 또한 벽으로
  부터 너무 멀리서 도약하면 벽을 밟을 힘이 부족해 벽에
  매달리게 되고, 반대로 벽과 너무 가까이 붙어서 밟으면 미
  끄러지기 쉽다. 반복 연습하면서 벽과의 보폭, 벽을 짚는
  발의 높낮이를 찾아야 한다. 도저히 요령을 이해하기 어렵
  다면, 수직 벽이 아니라 기울어진 벽을 찾아 연습하자. 난
  이도가 훨씬 낮아서 벽을 발로 디뎌 올라가는 느낌을 제대
  로 경험할 수 있다.

- **협응력** 발이 벽을 밀자마자 상체와 팔 전체를 이용해 위로 뻗는 것은 중요하다. 너무 오랫동안 정지해 있으면, 손을 뻗을 때 몸은 아래로 떨어지기 때문에 높이 가지 못한다. 상·하체의 협응력을 이용해 발로 차는 힘을 극대화해야 한다.

- **근력** 월 런의 마지막 절차는 어깨, 등, 팔의 근력과 순발력에 좌우된다. 벽에 손이 닿았으면, 벽에 매달린 상태에서 상체 근력을 활용해 팔 힘으로 몸을 당겨 벽 위로 올라간다. 이를 클라임업이라고 부른다. 클라임업에 필요한 근력을 키우는 가장 좋은 방법은 철봉 풀업, 짐링, 벽을 활용한 상체 당기기 훈련이다. 가능한 빠르게 당기는 연습을 해야 클라임업 기술에 필요한 상체 순발력을 기를 수 있다. 클라임업 기술이 가능해지면, 벽에 한 손만 닿아도 올라갈 수 있다.

월 런의 기술적인 요령을 설명하기 위해서 나눴지만, 한 개의 요소만 과도하게 파고드는 것은 피해야 한다. 자연스럽게 전체적인 움직임으로 합쳐서 연습해야 한다. 만약 한 부분이 취약해 기술을 제대로 수행하지 못하면 부분적으로 연습해도 되지만, 항상 전체적인 움직임으로 연결하자.

클라임업(Climb-up)

영상 클라임업 강좌

클라임업은 파쿠르의 올라가기 움직임 영역에서 가장 중요한 기술이다. 180캣,* 월 런, 암 점프, 다이노 등 벽과 관련한 파쿠르 기술을 안정적으로 하기 위해서는 클라임업이 있어야 가능하기 때문이다. 하지만 많은 근력과 협응성, 기술적인 요령이 필요하기 때문에 입문자가 하루아침에 클라임업을 성공하기란 쉽지 않다. 보통은 수 개월, 길게는 몇 년의 지속적인 트레이닝이 필요하다. 클라임업은 맨몸 운동의 꽃이라 불리는 철봉 머슬업을 벽에 적용한 기술이라 생각하면 쉽다.

클라임업을 수행하기 위해서는 다음 세 가지의 기능적 스트렌스(최대 근력)가 필요하다.

★ 벽에 매달린 상태에서 벽을 당기고 발로 밀어내서 얻은 탄성으로 반대편 벽에 매달리거나 건너편에 착지하는 기술.

- 상체 당기기.
- 손목 및 팔꿈치 전환하기.
- 상체 밀기.

클라임업에 필요한 이 스트렝스 훈련을 각각 따로 하는 것보다 클라임업 동작 자체를 전체적으로 연습할 수 있는 환경을 마련하는 것이 더 효율적이다. 예를 들어 동그란 난간에 발을 디뎌 클라임업 기술 전체를 연습하는 것을 시작으로 난간이 없는 벽 모서리를 잡아 클라임업을 연습하는 것까지, 자신의 근력 수준과 난이도에 맞는 장애물을 선택해 연습하는 것이다. 클라임업을 가장 쉬운 단계부터 연습할 수 있는 벽이나 난간을 찾지 못했다면, 철봉과 짐링을 설치해서 세 가지 근력(당기기, 전환하기, 밀기)을 기르자.

암 점프(Arm Jump)

영상 암 점프 강좌

암 점프는 단순하지만 어려운 동작이다. 캣 리프라고도 부른다. 암 점프는 점프해 장애물 가장자리, 위 또는 측면을 팔로 붙잡고 발은 수직 벽면에 착지하는 모든 점프를 포함한다. 보통 암 점프는 몸을 당겨 장애물 위로 올라가는 것까지가 완성된 움직임이다. 주로 벽이 너무 높거나 멀어서 발로 바로 착지하기 어려울 때 많이 쓴다. 다른 방법으로는 극복할 수 없는 거리의 장애물을 암 점프로 뛰어넘을 수 있다.

암 점프는 다양한 상황에서 쓸 수 있다. 보통, 착지하는 공간이 몸의 위치나 어떤 그립으로 착지해야 하는지를 제한하는 경우가 많다. 하지만 '표준' 암 점프는 도약하는 위치 바로 맞은 편에 있는 벽에 양손과 양발이 동시에 착지하기 때문에 충격을 흡수할 수 있다. 제대로 된 암 점프를 할 때에는 벽에 가볍게 착지해야 하며, 온몸의 근육으로 충격을 흡수한 후 저장된 에너지를 사용해 벽 위로 몸을 당길 수 있어야 한다.

제자리 암 점프(STANDING ARM JUMP)

제자리 암 점프는 서 있는 상태에서 거리와 착지할 곳의 위

치를 살필 수 있고, 그에 필요한 힘을 예측할 수 있어서 가장 먼저 연습한다. 제자리 점프와 동일한 팔다리 협응을 사용하기 때문에 스탠딩 프리시전 점프가 숙련된 상태에서 연습하는 것을 권장한다.

암 점프를 할 때는 안전을 위해 몇 가지 요령을 숙지해야 한다. 첫 번째로 벽에 매달릴 때 발의 높낮이다. 발이 너무 높으면 무게중심이 엉덩이 쪽으로 쏠려 벽 모서리를 잡은 손이 쉽게 풀리고, 결국 머리나 등, 허리로 바닥에 떨어질 수 있다. 반대로 발이 너무 낮으면, 미끄러지면서 벽에 얼굴이 쏠리거나 무릎을 부딪히기 쉽다. 위 두 가지는 암 점프를 연습하다가 가장 높은 확률로 벌어지는 사고다. 심각성을 고려하면 머리, 등, 허리로 떨어지는 낙상 사고가 훨씬 위험하니, 차라리 암프할 때 발 높이를 낮추는 것이 낫다.

두 번째는 양쪽 팔꿈치와 어깨를 완전히 편 상태로 매달렸을 때 충격을 완충할 수 있는 여유 관절 가동 범위가 없어서 어깨 관절의 구조로 버티게 되고, 결국 어깨 탈구 혹은 회전근개 손상으로 이어질 수 있다. 따라서 암 점프를 할 때는 반드시 팔꿈치를 굽혀서 매달려 충격을 완충시킬 수 있어야 한다.

세 번째는 벽에 매달릴 때 양쪽 무릎이 몸 바깥쪽으로 나

가지 않도록 턱 자세를 유지하고, 발목 보호를 위해 발의 방향도 '8' 자가 아니라 '1' 자로 정렬해 벽에 착지시킬 수 있어야 한다.

마지막으로 암 점프는 도약할 때 포물선을 그려야 충격을 최소화해서 벽에 매달릴 수 있다. 반대로 궤도가 일직선으로 벽을 향하면, 벽에 매달리는 것이 아니라 '충돌'하게 된다. 특히 일직선으로 점프하면 높은 확률로 발가락과 발목에 부상을 입을 수 있다.

안전한 연습을 위해 처음에는 기울기가 있는 벽에서 암 점프를 연습하고, 익숙해지면 수직 벽에서 가까운 거리를 설정해서 연습한다. 특히 수직 벽 중에서도 오버 그립으로 잡을 수 있는 난간이 있는 벽이면 암 점프를 연습하기 훨씬 쉽다.

러닝 암 점프(Running Arm Jump)

더 먼 거리의 암 점프나 도약하는 위치보다 상당히 높은 장애물을 잡아야 할 때 러닝 점프 기술과 연계하게 된다. 가능하다면, 매달리는 벽의 표면과 안전을 확인한 후 시작하는 것이 좋다. 반복 훈련할 때 피부나 손이 많이 까지지 않도록, 그립은 좋지만 너무 거칠지 않은 표면을 가진 벽을 찾아 연습한다. 시간이 지나면서 손에 굳은살이 생겨 거친 벽도 적응할 수 있다.

제자리 점프와 차이점은 벽에 더 큰 힘과 속도로 매달리기 때문에 악력과 벽에 착지하는 기술이 뛰어나야 한다는 것이다. 주로 하체로 먼저 충격을 흡수하는데, 발을 너무 높이 착지시키거나 무릎을 지나치게 굽혀서 착지하면 몸이 벽에서 튕겨 나가 뒤로 넘어진다. 거리 계산과 착지를 생각할 시간이 짧아지기 때문에 할 수 있는 범위 내에서 확실하게 점프하는 것부터 시작해, 확신이 들 때 천천히 거리를 늘려야 한다. 제일 중요한 점은 손이 어디를 잡을지 정하고 벽을 확실히 잡는 것이다.

장애물이
길이다

파쿠르는 '길(parcours, 道)'이다. 길 없는 길을 갈 때 의미가 찾아온다. 장애물은 물리적으로 존재하기에 앞서 의미가 있어서 눈에 띈다. 우리의 일상은 대부분 기억에 남지 않는, 스쳐지나가는 배경인데, 유독 특정 사물은 상상력을 자극하고 움직여 보고 싶게 한다. 나는 이런 현상을 장애물이 '부른다(calling)'라고 표현한다. 그래서 파쿠르는 나만 외치면 할 수없는 움직임이다. 오히려 나를 고요하게 둬야 사물의 부름을 예민하게 들을 수 있다.

나는 모든 것에 목적과 쓸모를 따지는 세속적인 관점과 과거, 현재, 미래를 주체적으로 기획하는 현대인의 자기 책임성을 의심한다. 스스로 결정한 것에 대해 책임지는 태도는 중요한 소양이지만, 삶의 모든 사건을 책임지기에는 우연히 찾아오는 구조적인 모순을 간과할 수 없다. 자연은 우연의 연속이다. 과학은 우연을 최소화하려 하지만, 과학조차 예측할 수없는 미지의 영역으로 가득한 곳이 바로 자연이다. 나는 우연히 한국에서 태어났고, 우연히 친구 따라 〈야마카시〉를 봤다. 우연이라 부르는 사건들이 사실은 무지의 소산일지라도, 개인에게 모든 것을 떠맡기는 태도는 드넓은 바다를 양팔로 품으려는 시도와 같다. 책임을 밖으로 떠넘기는 무책임한 말을 하는 것이 아니다. 오히려 우연의 연속인 일상을 회피하지 않고 마주할 힘을 이야기하는 것이다.

'나'를 고요하게 비우는 것은 찾아오는 우연을 의미 있는 순간으로 전환할 힘이다. 어쩌면 우리는 매 순간 '제로(0)-열려 있음'과 같은 상태에 놓인 것인지 모른다. 제로란, 정체성이 뾰족하지 않아서 불안한 동시에 모든 것으로부터 열린 순간이다. 나는 용기를 내 제로에 수렴하는 관계, 활동, 일상을 살기로 했다. 어떤 대가와 보상을 바라지 않고 존재하는 것, 다시 말해 무엇을 위한 수단과 목적이 아닌 과정과 행위 자체에 즐거움이 있음을 알아차리기로 했다.

파쿠르는 제로를 향한 훌륭한 연습이다. 파쿠르는 무엇을 위한 수단이 된, 도구가 된 사물을 해체한다. 그리고 적극적인 상상과 자유분방한 움직임으로 새로운 의미를 부여한다. 의자에서 물구나무를 서면, 앉는 용도였던 의자는 순식간에 다른 무엇으로 태어난다. 파쿠르는 나와 타자, 나와 사물, 나와 세상 사이의 존재 방식을 고민하게 한다. 그렇게 여러 사물과 몸짓을 나누다 보면 어느덧 갇힌 마음이 해방되고, 무의미한 세계에 새로운 의미를 부여하는 해석의 틀을 갖게 된다.

사적인 의미는 사람들과 함께 위험을 감수하고 장애물을 넘다 보면 보편적인 의미를 획득한다. 이러한 의미는 불안으로부터 탄탄한 안전지대가 돼 준다. 단조로운 일상에 활력을 꽃피운다. 데이터로 납작해진 세상에서 자연스럽게 입체적인 이야기(narrative)가 모인다. 누군가 시간이 흘러도 변하지 않는 것이 무엇인지 묻는다면, 나는 자신 있게 답할 것이다.

"장애물이 부를 때, 놀이하는 아이처럼 움직이는 기쁨은 세월이 흘러도 변하지 않아."

파쿠르는 처음이라

1판 1쇄 발행 2024년 6월 14일

지은이 김지호 | **펴낸이** 임중혁 | **펴낸곳** 빨간소금 | **등록** 2016년 11월 21일(제2016-000036호)

주소 (01021) 서울시 강북구 삼각산로 47, 나동 402호 | **전화** 02-916-4038

팩스 0505-320-4038 | **전자우편** redsaltbooks@gmail.com

ISBN 979-11-91383-46-1(03690)

• 책값은 뒤표지에 있습니다.